AF453828

LE PARFAIT

CAPITAINE,

OU

ABREGÉ

DES GUERRES

Des Commentaires de César.

M. DCC. XLIV.

AU
ROY,

 IRE,

Je vous adresse les marques de mon oisiveté. Vous y verrez un Abré-gé des guerres de César, le plus grand Capitaine qui ait jamais été au monde, où vous remarquerez une conduite prudente en ses desseins, une diligence merveilleuse en ses exé-

cutions, & une constance admirable aux difficultés qu'il a rencon-
trées au fort de ses affaires. S'il a
témoigné quelquefois de la témérité,
ç'a été peu souvent, & pour montrer seulement que son courage ne
cédoit point à celui d'Alexandre le
Grand. Vous êtes, SIRE, le Mo-
narque de la belliqueuse Nation,
qu'il a eu tant de peine à subjuguer.
Vous êtes comme lui tellement nour-
ri dans les fatigues de la guerre,
qu'elles vous sont tournées en habi-
tude, & y êtes si heureux, que vos
actions sont aujourd'hui les plus riches ornemens de l'Histoire. Vous
êtes un grand Prince, sur lequel
toute la Chrétienté a les yeux fichés,
comme sur le Restaurateur de sa liberté. Si vous continuez vos géné-

reux deſſeins, vous en remporterez
une gloire immortelle, & une renommée qui égalera celle des plus
grands hommes de l'Antiquité. Mais
la perfection de ce haut courage con-
ſiſte en la perſévérance. Conſidérez,
SIRE, qu'il s'eſt vû pluſieurs Princes avoir eu de beaux commence-
mens, qui pour s'être laiſſés aller
trop-tôt au repos, ont perdu toute
réputation ; pource que la gloire des
Grands Perſonnages s'évanouit s'ils
veulent demeurer ſans action ; ſemblables en cela à ceux qui nagent
contre le fil de l'eau, leſquels recu-
lent en arriére s'ils ne s'efforcent d'aller en avant. Vous y verrez auſſi un
recueil de l'ordre de guerre des Anciens Grecs & Romains ; (vrai fon-
dement de tout l'Art militaire,) car
a iij

encore que l'invention de la poudre à
Canon trouvée nouvellement, ait apporté du changement à la maniére
de faire la guerre ; néanmoins on
en puise toutes les bonnes maximes.
Ce que je tâche de faire voir plus
particuliérement par un petit Traité
de guerre que j'y ai ajoûté ; où je
veux montrer que la diversité de nos
armes d'avec celles des Anciens,
ne nous doit faire mépriser leurs ordres. Si j'agrée, SIRE, à Votre
Majesté, j'obtiens ce que je desire ;
Et pour toute reconnoissance, je vous
supplie très - humblement de ne me
laisser inutile aux occasions qui s'of-
frent pour l'augmentation de votre
gloire, afin que chacun reconnoisse
dans l'exécution de vos commandemens, mon obéissance ; dans vos em-

plois, *ma fidélité ; & dans les ac-*
tions de la guerre, le peu de cas que
je ferai toujours de ma vie pour le
bien de votre service. Cependant je
prierai Dieu,

SIRE,

Qu'il béniffe votre regne, le com-
ble de longs jours, & votre fa-
crée perfonne d'une félicité fans
exemple.

Votre très-humble, très-obéïffant, &
très-fidéle fujet & ferviteur,
H. D. R.

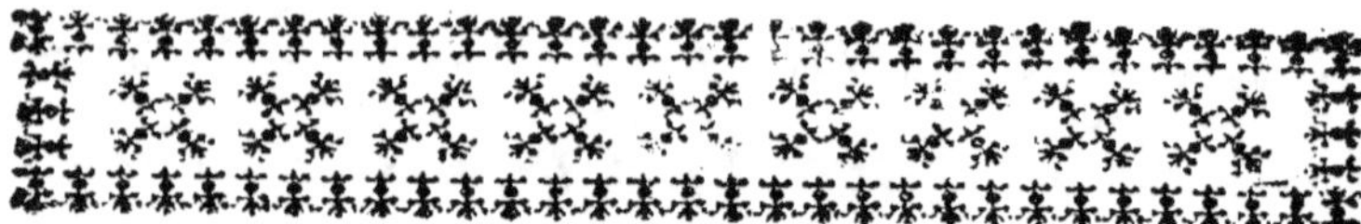

TABLE
DES SOMMAIRES
Contenus dans cet Ouvrage.

Guerres Civiles des Commentaires de César.

Discipline Militaire des Romains.

Fin de la Table des Sommaires.

ABREGE'

ABREGÉ
DES GUERRES
DES COMMENTAIRES
DE CESAR.

Avec quelques remarques fur icelles.

***

ABREGE' DES GUERRES
DES GAULES.

LIVRE I.

ESAR ayant eu le gou-
vernement des Gaules
pour cinq ans, la pre-
miére guerre qu'il eut, fut
contre les Suiſſes : l'ambition d'Orgentorix la cauſa. C'étoit un homme

A

riche, noble & puiſſant dans ſa nation ; il perſuada à ce peuple hardi de
ſa nature, & exercé aux armes par les
guerres qu'il avoit avec ſes voiſins,
de s'élargir dans la Gaule, où le pays
étoit plus grand & meilleur que le
leur. Pour cet effet, la délibération
étant priſe, ils prennent trois ans de
terme pour faire leurs préparatifs, pendant leſquels ils ſe fourniſſent de chariots & chevaux de charge ; ordon-
nent de ſemer tous leurs pays de toutes ſortes de grains, pour faire la proviſion de leurs vivres, & nomment
pour leur chef & conducteur Orgentorix, qui de ſa part emploie ce temps-
là à ſe fortifier de l'aide de ſes voiſins,
perſuade à Caſticus, Bourguignon, de
ſe faire Seigneur de ſon pays, comme
ſon pere l'avoit été ; attire à même
deſſein Dumnorix d'Autun, (frere de
Divitiac) le plus puiſſant de ſa ville,
& lui baille ſa fille en mariage. Mais
les Suiſſes jaloux de tout temps de

leur liberté, & s'appercevant qu'Orgentorix aspiroit à les assujettir, se saisissent de sa personne, & sur les contestations de son procès, à cause qu'il avoit une grande suite de parens & partisans, il meurt en prison. Cela n'allentit point le dessein de ce peuple, lequel à jour nommé, ayant pris pour trois mois de vivres, brûlé le reste de leurs grains & toutes leurs villes, en nombre de douze, & quatre cens villages, & ayant persuadé de faire le semblable à ceux de Bâle, Distalengen & de Clakij leurs voisins; ils partent & s'acheminent vers Genève, pour là passer le Rhône. César ayant entendu cette nouvelle, va promptement à Genève, assemble ce qu'il peut de gens de guerre, fait couper un pont qui étoit sur le Rhône, & entreprend un fossé & une muraille de dix-huit milles de long, depuis le Lac de Genève jusqu'au mont Jura, pour empêcher le passage du Rhône.

A ij

Ce qu'apprenant les Suiſſes, ils lui députent pour lui demander le paſſage : il les amuſe, & leur promet réponſe une autre fois. Cependant il ſe met en état de les empêcher ; & eux depuis ſon refus ayant tenté en vain le paſſage, ils prennent le chemin de Bourgogne que Dumnorix leur procura. Ce que voyant Céſar, laiſſe Labienus à Genève, va lever de nouvelles légions, les ſuit, & les ayant rencontrés au paſſage de la Saône, leur défait la quatriéme partie de leurs troupes qui n'étoient encore paſſées : après cela il fait un pont ſur la riviére, les pourſuit ; mais les vivres commençant à lui manquer, & s'étant apperçû que Dumnorix empêchoit ceux d'Autun de lui en donner, ce qu'ils lui avoient promis ; il le dit à Divitiac ſon grand ami & frere de Dumnorix, qui le lui confeſſe, intercéde pour lui, & obtient ſon pardon. Puis ayant appris que les Suiſſes

étoient campés au pied d'une montagne, il la fait reconnoître, & ayant
trouvé qu'elle étoit de facile accès, il
y envoie toute la nuit Labienus pour
en gagner le sommet, & au matin
s'étant mis en bataille, il dépêche
Confidius pour reconnoître les ennemis : lequel ayant pris l'alarme de
Labienus, rapporte à Céfar que les
ennemis s'étoient faifis de la montagne, ce qui l'arrêta & l'empêcha ce
jour-là de défaire les Suiffes. Le lendemain il prend la route de Beaume,
pour diftribuer le bled à fon armée,
dont les Suiffes s'appercevant, le fui-
virent. Céfar les voyant venir à lui,
fe faifit d'un côteau, met fon armée
en bataille à la moitié de la pente : &
tout au haut y loge deux légions nouvellement levées & tout leur bagage, met pied à terre, renvoie fon cheval, fait faire le femblable à tous les
autres, pour montrer qu'il falloit
vaincre ou mourir. Les Suiffes le

A iij

viennent attaquer ; il les défait, les
pourfuit vivement, défend à ceux de
Langres de les affifter de vivres, &
enfin les contraint de fe mettre à fa
difcrétion. Il leur ôte les armes, prend
des ôtages, & les oblige de retourner habiter en leur pays, & de réta-
blir leurs maifons ; & de trois cens
foixante-huit mille perfonnes, dont
il y en avoit nonante-deux mille portans armes, il n'en retourna en tout
que cent dix mille.

REMARQUES.

LA réfolution de ce peuple qui femble barbare,
& qui par fon mauvais fuccès eft condamnée uni-
verfellement, a néanmoins les mêmes princi-
pes de tous Conquérans, à fçavoir le défir de
commander & s'accroître, & eft remarquable en
fa prévoyance de trois ans pour s'apprêter ; en
fa conftance, pour après la mort du Chef, ne dé-
fifter point du deffein, & l'exécution de fon deffein, de brûler leurs biens & leurs maifons, afin de
ne fe laiffer aucune efpérance de falut, finon au
tranchant de leurs épées. Dont on peut recueillir qu'on ne doit entreprendre aucun grand deffein en tremblant, ni regarder les moyens par où
on peut échapper, mais plutôt à ceux par où il
faut néceffairement vaincre. Car fi dès le com-

mencement d'un deſſein périlleux , vous faites connoître comme vous pouvez vous ſauver, l'impatience ou la timidité naturelle des hommes , en fait rechercher le moyen au moindre accident qui arrive: & ſi les Suiſſes n'euſſent rencontré l'incomparable vertu de Céſar , qui par ſa valeur , induſtrie , diligence & bonheur arrêta leur fureur ; ils euſſent pû venir à bout de leurs entrepriſes.

En la conduite de cette guerre , Céſar a montré (comme en toutes les autres) que ce qui l'a rendu heureux en ſes exploits , a été principalement ſon invariable ordre au camper ſûrement ; ſe retranchant toujours afin de n'être jamais contraint de combattre que quand il voudroit , & de pouvoir prendre les occaſions qui s'offriroient de défaire ſes ennemis : de pourvoir à ce que les vivres ne lui manquaſſent point , & de tenir toujours ſes ſoldats en exercice & en haleine , pour pouvoir exécuter ſes deſſeins avec promptitude & bon ordre.

Le pardon de Dumnorix eſt remarquable. Sa naturelle clémence l'y porta , ſe laiſſant vaincre aux priéres de ſon frere Divitiac qu'il aimoit ; néanmoins il fit prendre garde à ſes déportemens, afin qu'à l'avenir il n'en arrivât de nouveaux inconvéniens.

La faute de Conſidius fait voir combien il importe d'envoyer des perſonnes expérimentées pour reconnoître une armée.

Et le commandement qu'il fit aux Suiſſes de retourner habiter leurs pays, fut prudent , pour empêcher que les Allemands , (nation très-puiſſante) ne les vinſſent occuper , & s'approchaſſent par-là de la Provence.

A iiij

SECONDE GUERRE.

LE sujet de la seconde Guerre fut tel. La division des Auvergnats & Autunois, peuples puissans en Gaule, avoit appellé les Allemands, à l'aide desquels les premiers avoient vaincu les autres. Néanmoins ils se trouvoient tous opprimés, & beaucoup plus les victorieux que les vaincus ; car ceux-ci en furent quittes pour quelque tribut & des ôtages, & les Allemands ôterent aux autres la plûpart de leurs terres ; si bien que se voyant tous assujettis, ils tiennent une assemblée d'Etats par la permission de César, pour demander son assistance ; laquelle il leur promet. Mais ayant pour cet effet envoyé vers Arioviftus chef des Allemands, il en reçoit des réponses si superbes, qu'enfin ils en viennent aux mains, où César le défait, le chasse des Gaules, & tous les Allemands, en leur fai-

fant paſſer le Rhin. Ces deux guerres
furent finies en un Eté.

REMARQUES.

Sur quoi faut remarquer combien ſont dangereux tels ſecours auxiliaires, ſur tout quand on
les requiert des peuples plus puiſſans que ſoi.
Céſar a bien chaſſé Arioviſtus, mais les Gaulois
n'ont fait que changer de maître. Il s'embarqua à
cette guerre pour deux raiſons : la premiére,
pource qu'il redoutoit que cette puiſſante nation
prenant pied en Gaule, ne vînt fondre en la Provence, & ne s'approchât d'Italie : & l'autre,
pource que par icelle il s'inſinuoit inſenſiblement
en la conquête deſdites Gaules, ce qu'il ménagea
ſi dextrement, en entretenant parmi eux leurs di-
viſions, qu'avec l'aide des uns il vainquit les autres, & enfin les aſſujettit tous.

Faut encore remarquer ſa diligence, (tant re-
commandée en toutes ſes actions) pour ſe ſaiſir de
Beſançon, ayant prévenu ſes ennemis, & par ce
moyen ayant pourvû à la nourriture de ſon armée.
Ce fut là qu'une terreur panique ſaiſit ſes ſoldats,
laquelle commença par les volontaires, qui voulant ſe retirer, décourageoient les autres, afin de
couvrir leur honte par la générale de toute l'armée ; ce qui eſt une choſe très-dangereuſe, & à
quoi un Général d'armée doit prendre ſoigneuſe-
ment garde, ne devant jamais hazarder une bataille, qu'il n'ait remis le cœur aux ſiens : ce que fit
Céſar pour lors en les haranguant, en quoi il excelloit. Il ſe ſervit auſſi, (comme pluſieurs autres
Capitaines, ſur-tout Marius) de ſe camper fortement devant cette armée redoutable, & de faire
connoître à ſes ſoldats par de petits combats, que

leurs ennemis n'étoient pas invincibles, ni plus vâillans qu'eux : leur faire concevoir qu'ajoutant l'ordre & la discipline militaire à la prudence de leurs Chefs, ils leur étoient supérieurs : car les Romains n'ont jamais vaincu les autres nations par le grand nombre, ni par la vaillance, mais par la science de la guerre qu'ils exerçoient toujours, par l'observation de leur ordre, & par le retranchement de leur camp. Sur quoi il faut considérer qu'Ariovistus s'étant logé entre César, & le lieu d'où lui venoient les vivres, & César ne l'ayant pû attirer cinq jours durant à la bataille, après avoir bien fortifié ledit camp, il va avec toute son armée en bataille, en fortifier un petit, en un lieu avantageux, éloigné du premier de deux milles, & qui lui favorisoit le chemin de ses vivres, faisant travailler le tiers de son armée, pendant que les autres deux tiers étoient en bataille, qui repoussèrent les troupes qu'Ariovistus envoya pour empêcher ladite fortification : laquelle étant faite, y laisse deux légions, & raméne le reste de son armée dans son vieux camp. Le lendemain César se met en bataille entre les deux camps : mais s'étant retiré, Ariovistus attaque le petit, & en est repoussé. César ayant ainsi raffermi le courage de ses soldats, sort toute son armée en bataille, & va jusqu'au retranchement d'Ariovistus, le provoque au combat, lequel sort & est défait.

TROISIE'ME GUERRE.

LIVRE II.

LA troisiéme Guerre de César fut contre les Belges, tierce partie de la Gaule, & ceux qui pour lors étoient les plus aguerris. Les principales caufes en furent, que voyant le reste des Gaulois en paix avec les Romains, ils craignirent d'en être attaqués : puis ils en furent follicités par quelques Gaulois mécontens ou ambitieux, les uns ne prenant plaisir de voir non plus les Romains que les Allemands dans leur pays, & les autres appréhendant de ne pouvoir, durant leur féjour, s'emparer de quelque principauté ou domination : le dénombrement de leurs forces montoit à deux cens quatre-vingt-un mille hommes de combat. César ayant appris ce grand préparatif, fait attaquer

Divitiac, & les Autunois ceux de
Beauvais ; & s'étant affûré de ceux
de Rheims qui fe déclarent pour lui,
il va planter fon camp fur la riviére
d'Aifne près de Soiffons, puis il fecourt Brenne ; & les ennemis voulant paffer ladite riviére, il s'y op-
pofe, & en tue grand nombre. Après
cela les vivres manquant à une fi
groffe armée, & ceux de Beauvais
apprenant que Divitiac ravageoit leur
territoire, ils réfolurent de s'en retourner chacun chez foi, & fe remettre
enfemble pour fecourir le premier des
peuples qui feroit attaqué. Mais ils
firent leur retraite fi en défordre, que
Céfar eut loifir de les joindre : les
chargeant fur la queue, les mit à vau-
deroute, où il en fit un grand maffa-
cre, & enfuite va affiéger & prendre
Noyon. Tous ces peuples font joug,
horfmis ceux de Tournay, eftimés
les plus vaillans de tous, qui ayant
mis leurs vieillards, femmes & en-

fans en sûreté, réfolurent de fe défendre. Céfar va à eux, ils l'attaquent
fi furieufement fur un logement,qu'ils
le penferent défaire, & il confeffe
qu'en ce combat fa bonne fortune y
eut autant de part que fa valeur &
induftrie; néanmoins il les défit : après
quoi il ne trouva plus de réfiftance; &
la renommée de fes victoires le rendit redoutable jufques dans l'Allemagne, & lui acquit toute la Norman-
die & la Bretagne, que P. Craffus, un
de fes Lieutenans, foumit au peuple
Romain, une feule légion.

REMARQUES.

FAUT noter ici le jugement de Céfar, qui
par fa diligence s'affûra de ceux de Rheims, par
fon induftrie & douceur les maintint fidéles, &
par fa prévoyance prépara une diverfion contre
ceux de Beauvais, peuple très-puiffant, qui lui fut
très-utile.

Après eft à confidérer qu'une armée de trente
ou quarante mille hommes bien aguerris & difciplinés, peut avec patience en fe retranchant, & en
fe bien logeant, diffiper les plus nombreufes armées, lefquelles faute de vivres fe détruifent d'el-
les-mêmes ; & fi elles combattent, (pourvû qu'on

évite d'être environné de toutes parts) les désordres & la confusion les dissipent. Les guerres des Romains en font foi, qui n'ont jamais défait leurs ennemis, qu'ils ne fussent en moindre nombre qu'eux, ni été forcés de sortir de leur camp retranché, pour donner la bataille contre leur gré : & particuliérement la présente, en laquelle César a eu plus d'affaires contre une seule province des Belges, que contre tous les Belges ensemble, ayant décrit très-particuliérement la bataille qu'il eut contre ceux de Tournay, comme une des plus dangereuses qu'il ait jamais données; où il y a plusieurs choses dignes d'être considérées.

La premiére, que ceux de Tournay ayant été avertis que César faisoit marcher après chaque légion le bagage d'icelle, ils se résolurent de s'embusquer & de le combattre, jugeant bien que le bagage séparant les légions en un pays plein de haies, elles ne se pourroient secourir les unes les autres, & qu'ainsi ils pourroient avec toutes leurs forces défaire chaque légion à part.

La seconde, qu'ils se trouverent trompés en leurs propositions, pource qu'encore que César fît ainsi marcher son armée en pays ami, pour la commodité d'icelle ; néanmoins quand il fut en pays suspect, il fit marcher six légions ensemble, puis tout le bagage, & derriére icelui deux légions ensemble nouvellement levées, & ce fut en tel ordre, & sur son logement qu'ils le changerent.

La troisiéme, la confession de César, qui avoue franchement que son armée fut attaquée tellement à l'impourvû & si vivement, & en un pays si couvert, que ce ne fut ni son ordre ordinaire qui la sauva, (car il n'eut loisir de la mettre en bataille) ni les exhortations, ni sa présence par-tout, (pource qu'il lui fallut combattre où il se trouva) mais attribue seulement le salut d'icelle à la longue dis-

cipline de ſes ſoldats, qui ſçavoient d'eux-mêmes
ſe ranger où il falloit, & à ce qu'il faiſoit obſerver
exactement à tous ſes Officiers de demeurer en
leur devoir, tandis que le retranchement du camp
ſe faiſoit : ſi bien que par-tout il ſe trouva des gens
à commander, & d'autres à obéir : ce qui cauſa la
réſiſtance, & empêcha l'étonnement.

La quatriéme, qu'une réſolution téméraire eſt
ſouvent à craindre, & que pour l'éviter il ne faut
jamais relâcher ce qui dépend de la diſcipline militaire.

Et la cinquiéme, que ſur la trahiſon que ceux de
Bolduc, (qu'il avoit aſſiéges dans la meilleure de
leurs fortereſſes) lui voulurent faire après s'être
rendus ; on doit apprendre qu'il ſe faut toujours
défier de ſon ennemi, & ſe tenir d'autant plus ſur
ſes gardes, qu'on eſt proche de le vaincre.

✳ ✳✳✳✳✳✳✳✳✳✳✳✳✳✳✳✳✳✳✳✳✳✳✳

QUATRIE'ME GUERRE.
LIVRE III.

LE premier exploit d'armes fut
contre Servius Galba, un des
Lieutenans de Céſar, qui l'ayant envoyé avec une légion & quelque cavalerie au pays d'Ælen, Valais &
Sion, (qui s'étend depuis la Savoie
juſqu'au Lac de Genève) pour aſſûrer le trafic des Marchands ; après

quelques combats heureux, fit paix avec ces gens-là, reçut leurs ôtages, & ayant laiſſé deux compagnies au pays d'Ælen, il va loger avec le reſte de la légion au bourg de Martanach, ſitué dans une vallée, & ſéparé en deux d'une petite riviére nommée la Branſe ; il retranche ſon camp d'un côté d'icelle, & de l'autre il loge les Gaulois qu'il avoit avec lui. Le petit nombre des ſoldats qu'il avoit en ſon camp, (qui n'étoit encore bien en défenſe) donna la hardieſſe à ſes peuples de ſe révolter, eſpérant qu'à la premiére attaque ils l'emporteroient; car ils ne pouvoient ſupporter qu'il retînt leurs enfans en ôtages, & appréhendoient que les Romains n'annexaſſent ces lieux-là à la Provence qui en étoit voiſine. Il ſe voit donc attaqué de toutes parts, avant qu'il eût loiſir de ſe reconnoître ; & ſes affaires ſe trouvant en grande extrémité, n'ayant vivres pour ſubſiſter,

ni

ni gens pour réfiſter longuement : le déſeſpoir lui fit recevoir le conſeil de P. Sextius Baculus, premier Centenier de l'Enſeigne Rouelle, & de G. Voluſenus Colonel de mille hommes, qui fut de ſortir de toutes parts ſur leurs ennemis ; ce qu'ils firent ſi bruſquement, que ceux qui ne ſe pouvoient défendre contre eux dans un retranchement, les défirent à la campagne. Cela fait, il prend le temps de leur étonnemenr pour retirer ſa légion en lieu de ſûreté.

Mais l'occaſion de la quatriéme guerre fut telle, que P. Craſſus l'un des Lieutenans de Céſar, ayant envoyé pluſieurs Tribuns pour faire la proviſion des bleds néceſſaires pour la nourriture de ſon armée au pays du Perche, Cornouailles & Vannes, ils les retinrent contre la foi publique, en eſpérance de recouvrer leurs ôtages. A cet exemple leurs voiſins firent le ſemblable, & tous mande-

rent à Craſſus qu'ils ne les délivre-
roient point, qu'on ne leur rendît
leurs ôtages. Céſar ayant entendu
cette conjuration, ſe prépare diligemment à la guerre, jugeant que s'il la
laiſſoit impunie, il ouvroit la porte
à une révolte générale : car il con-
noiſſoit bien l'humeur des François
prêts à prendre les armes, aimans
leur liberté, & abhorrans la ſervi-
tude. Il pourvoit premiérement à empêcher que la ligue ne s'augmente.
Pour cet effet, il envoie Labienus
au pays de Tréves avec la cavalerie,
lui ordonnant de viſiter ceux de
Rheims, & les autres Belges : P. Craſſus en Gaſcogne avec douze Enſei-
gnes de Légionnaires, & bon nombre
de gens de cheval : Q. Titurius Sabinus avec trois légions au Perche,
Alençon & Liſieux : donne l'armée
de mer à D. Brutus, & lui avec celle
de terre ſe réſout d'aller attaquer le
peuple de Vannes, comme le chef de

cette guerre. Leur pays eſt mariti-
me, difficile à aborder, & puiſſant
en vaiſſeaux ; ſi bien que quand avec
beaucoup de travail il avoit réduit
un lieu à être forcé, les habitans ſe
mettoient dans leurs vaiſſeaux avec
toutes leurs brebis, & alloient en un
autre : & ainſi il n'avançoit rien, juſqu'à ce que ſon armée de mer étant
venue, il leur donna la bataille,& les
défit. Après cela, ils ſe rendirent à
Céſar, qui fit mourir tout le Sénat,
& vendre le peuple. En ce même
temps les Lieutenans que Céſar avoit
diſtribués par les Gaules, ne furent
pas ſans affaire. Q. Titurius Sabinus
fut attaqué par Viridonix, chef de divers peuples, avec de grandes forces. Mais par ſa patience & ſon aſtu-
ce il l'attira à le venir attaquer dans
ſon camp retranché, & le vainquit,
ce qui raſſûra tout ce pays-là. P. Craſſus du côté de la Guyenne défait les
Sontiates, les aſſiége dans leur ville,

& la prend. Après la capitulation ,
Adeantuan leur chef, fort avec fix
cens de fes plus affidés foldats , &
tâche de faire effort fur le camp des
Romains : mais étant repouffé, Craffus
ne laiffe de lui tenir la premiére capitulation accordée. Durant ce fiége,
les peuples d'Efpagne & de Gafco-
gne qui font autour des monts Pyrénées, fe liguent enfemble , & élifent pour chefs des Capitaines qui
avoient fait la guerre fous Sertorius.
Craffus les vint attaquer. Ils fe re-
tranchent , & lui coupent les vivres ;
de telle forte qu'il eft contraint de
les combattre dans leur retranchement, auquel de bonne fortune pour
lui, il trouva quelque manquement,
par où il les força. Cette victoire foumit tous ces peuples-là. Céfar ne
voyant plus en armes que ceux de
Terouenne & de Gueldres , quoique l'Eté fût fort avancé , s'y achemi-
ne , où il trouve une maniére nou-

velle de faire la guerre. Ces gens-là
fe retenant dans de grandes forêts,
il les y va chercher, & étant fur le
bord, ainfi qu'il fortifioit fon camp,
ils l'attaquent & font repouffés. Après
quoi Céfar s'avance dans la forêt,
en fait couper les arbres, s'en fert
comme d'un rempart, & avec une
peine & diligence incroyables, s'a-
vance jufqu'où ils tenoient tout leur
bétail & dernier bagage : mais le
temps devint fi rude & pluvieux, qu'il
fut contraint de mener fon armée en
garnifon & d'hyverner.

R EMARQUES.

A INSI finit cette guerre, où nous remarquerons premiérement l'utilité des retranchemens des
camps, qui fervent aux pays entiers de bri!e, comme les citadelles aux villes ; les Romains n'ayant
maintenu fous leur obéiffance tant de peuples
conquis, que par ce moyen-là : car les armées qui
font en garnifon en diverfes villes, peuvent, ainfi
féparées, être défaites en tout, ou en partie, par une
conjuration : puis les délices des villes corrompent
toute difcipline militaire, & aviliffent tout courage généreux. En tout cas, s'il y a plus de fortereffes qu'il n'en faut garder, il les faut démanteler ;

afin que rien ne puisse résister à l'armée : laquelle étant toujours ensemble, s'oppose à tout ralliement de conjuration : étant très-certain, que non seulement pour empêcher les soulévemens d'une province conquise, mais aussi pour conserver son pays contre une plus grande force que la sienne, (donnant ordre qu'on ne manque point de vivres) on le peut faire en se retranchant fortement. Car quiconque se met tout-à-fait sur la défensive en se renfermant dans les villes, il faut, (sans un secours étranger) qu'à la longue il périsse : pource que deux ou trois années de dégats de la campagne réduisent les villes à la faim, & leur font connoître que votre foiblesse ne les peut sauver. Si bien qu'ils aiment mieux se rendre à votre ennemi, que se perdre.

En second lieu, nous considérerons combien Crassus fut embarrassé, quand il eut affaire aux Capitaines qui avoient appris leur métier sous Sertorius, & qui, selon la coutume des Romains, se servoient de l'avantage des lieux, fortifioient leur camp, & coupoient les vivres. Car avec telle maniére de faire la guerre, ils avoient réduit ledit Crassus à tel point, qu'il fut contraint d'attaquer leur camp, lequel encore qu'il le forçât, soit ou pour avoir de meilleurs soldats, ou pour trouver quelque endroit d'icelui mal fortifié, il ne laissa d'entreprendre ce coup, plus par désespoir que par raison, & lors seulement qu'il se trouva dans la nécessité de mourir de faim.

Nous remarquerons encore ce qui arriva à César en toute cette guerre, comme nulle diversité dont on se servit pour la lui faire ne l'étonna, soit qu'on l'attaquât en campagne rase, ou dans son camp, ou qu'on le surprît, ou qu'on se retirât en lieux inaccessibles, ayant toujours cherché ses ennemis par-tout, & sans relâcher un seul

point de la discipline militaire. Car encore que nos
ennemis fassent quelquefois des actions qui té-
moignent de la peur, pour mieux nous surprendre,
il ne faut pourtant jamais les méprifer, étant un
métier que le nôtre, où une faute ne se répare
point, & où une heure fait perdre la réputation acquise en trente ans.

Pour clorre ce discours, j'ajouterai que la
cruauté que César fit à ceux de Vannes, ne doit
souiller sa clémence, qu'il a témoignée tout le
cours de sa vie ; mais considérer qu'il força plutôt son naturel en cette action sévère, pour châtier le violement du droit des gens, en ce qu'ils
avoient retenus prisonniers ceux qui sous bonne
foi alloient négocier avec eux : & aussi pour donner terreur à tous ces peuples si sujets à la révolte, en leur faisant éprouver un doux gouvernement quand ils se maintenoient en obéissance, &
en les traitant rigoureusement quand ils en sortoient.

⁂⁂⁂⁂⁂⁂⁂⁂⁂⁂⁂⁂⁂⁂⁂⁂⁂⁂

CINQUIE'ME GUERRE.

LIVRE IV.

LEs Allemands de Francfort &
de Hessen, en nombre de quatre cens mille ames, se voyant persécutés par les Suéves, (le plus puissant & hardi peuple d'Allemagne)

quittent leur pays ; & après avoir roulé par diverses contrées, abordent au Rhin, à l'endroit des provinces de Gueldres & Juliers ; d'où ils chassent les habitans, & s'emparent de leur terre d'un côté, & d'autre de la riviére. César qui connoissoit l'humeur des François inquiéte & prompte à secouer le joug de la servitude, se résolut de ne laisser affermir les Allemands deçà le Rhin. Et encore qu'il s'apperçût bien qu'ils avoient commencé de traiter avec eux, il le dissimule ; & anticipant le temps qu'il avoit accoutumé de se mettre en campagne, va droit pour combattre lesdits Allemands : lesquels étonnés de cette diligence, lui envoient des ambassadeurs pour traiter de paix. Il les écoute paisiblement, leur donne de bonnes réponses, mais il marche toujours vers eux. Enfin ils tombent d'accord des conditions, pourvû que César veuille s'arrêter trois jours. Il

leur

leur en accorde un, durant lequel sa cavalerie, en nombre de cinq mille, s'étant avancée au fourage, elle fait rencontre de huit cens chevaux Allemands qui les chargent brusquement, les mettent en déroute, & les ménent battant jusqu'au camp des Romains. Mais le lendemain ayant envoyé tous leurs principaux Chefs vers César, pour s'excuser de cette action, & lui remontrer qu'elle étoit survenue par accident; il les retient prisonniers, marche avec son armée vers les Allemands, les surprend, & les taille tous en piéces; après quoi il fait un pont sur le Rhin, passe en Allemagne, secourt la ville de Cologne, accorde la paix à ceux qui veulent donner des ôtages, brûle & ravage les autres, & au bout de dix-huit jours retourne en France, & rompt son pont.

C

Remarques.

Est à noter ici la conduite de César, qui par sa prompte & inopinée venue diffipa les menées qui se faifoient entre les Allemands & les Gaulois:par sa diffimulation envers les Gaulois, feignant de ne fçavoir lefdites menées, & leur témoignant de la confiance, les retient & les empêche de se précipiter dans une ligue avec ces Allemands : par son induftrie les amufe à traiter, tandis qu'il s'avança toujours vers eux, & quand l'occafion s'offre, il prend fon avantage pour les prendre en défordre, & deftitués de leurs chefs, leur faifant accroire qu'ils avoient les premiers rompu le traité.

Après faut confidérer qu'à la renommée de cette grande défaite, il voulut faire voir les Aigles Romaines delà le Rhin, pour donner de l'épouvante aux Allemands, afin de les contenir à l'avenir. Qu'il ne voulut paffer le Rhin fur des bateaux, comme chofe trop périlleufe ; mais il fit un pont qu'il fit fortifier & garder des deux côtés de la riviére : qu'il ne demeura en ce pays-là que le temps néceffaire à la réputation de fes armes ; & qu'en retournant il coupa fon pont, afin d'ôter le moyen aux Allemands de s'en fervir.

J'ajoute encore que la défaite de cinq mille chevaux Romains par huit cens chevaux Allemands, & le lendemain la défaite de quatre cens mille Allemands par trente ou quarante mille Romains, montrent clairement que ce n'eft pas la vaillance naturelle d'une nation fur l'autre, ni le grand nombre fur le petit, qui donne le gain des combats ; mais l'obfervation exacte de la difcipline militaire, & l'exercice continuel des armes, qui inftruit non feulement à bien combattre, mais auffi à bien prendre fes avantages, & à connoître quand il faut combattre ou non.

SIXIE'ME GUERRE.

LA sixiéme guerre de César fut contre l'Angleterre, pource que ceux de cette Isle-là assistoient souvent les François contre lui. Pour cet effet, il s'enquiert des Marchands qui y trafiquoient, quelles nations y habitoient, comme ils faisoient la guerre, sous quelles loix ils vivoient, & quels étoient leurs meilleurs ports. Après il envoya reconnoître la côte par C. Volusenus ; puis fit venir ses navires, sur lesquels il avoit fait la guerre à ceux de Vannes, & prépara toutes choses nécessaires à son dessein. Le bruit de ce préparatif donna sujet à plusieurs villes Angloises de lui envoyer des Ambassadeurs, lui promettre obéissance, & lui offrir des ôtages, lesquels il renvoia avec bonnes paroles, & avec eux Cornio, (qu'il avoit fait Roi d'Arras) pour sous ce prétexte reconnoître mieux le pays.

Néanmoins Cornio n'ofant fe fier aux Anglois, demeura feulement cinq jours fur les côtes, puis retourna faire fon rapport de ce qu'il avoit pû connoître. Cependant Céfar fait paix avec ceux de Térouenne, afin de ne laiffer aucune guerre derriére lui; prend deux légions & partie de fa cavalerie : envoie le refte de fon armée au pays de Gueldres, fous la charge de Q. Titurius Sabinus & Arunculeius Cotta : donna la garde du port où il s'embarquoit, à P. Sulpicius Ruffus, & fait voile. Il arrive heureufement à la côte d'Angleterre, (avec fon infanterie feulement) qu'il trouve toute en armes : il tente de faire là fa defcente, où trouvant trop de difficulté, il la va faire à huit milles plus loin, encore fut-ce avec péril. Néanmoins il étonna tellement les Anglois, qu'ils lui envoyérent demander la paix. Mais une tourmente étant arrivée, qui lui fracaffa plufieurs de

ſes vaiſſeaux , & rejetta en terre ferme tous ceux qui portoient ſa cavalerie ; leur donna courage ; & au lieu
de lui donner des ôtages , armérent
tout le pays contre lui , mal-menant
une de ſes légions qui étoit allée au
fourage , laquelle il ſecourt , & la retire ſauve. En ces extrémités Céſar
pourvoit au radoubage de ſes vaiſſeaux , à ſes vivres , à la ſûreté de ſon
camp : & étant de nouveau attaqué
par les habitans de l'Iſle , il les combat & défait ; ce qui les oblige dere-
chef à demander la paix. Il la leur
accorde , prend ôtages de ceux qui
en voulurent donner promptement ,
& raméne en Gaule ſon armée ſaine
& ſauve. Il y eut ſeulement deux navires , avec trois cens ſoldats , qui
étant deſcendus un peu plus bas , furent chargés par ceux de Térouenne ;
ce que Céſar ayant entendu , y court
avec ſa cavalerie , les délivre , & défait ſes ennemis.

C iij

REMARQUES.

EST à remarquer, que commencer une guerre en automne, sans utilité apparente, en un pays point reconnu, n'y ayant aucune intelligence, & avoir à passer l'Océan, est une entreprise, ce me semble, bien digne de l'invincible courage de César, mais non de sa prudence accoutumée. Néanmoins il faut condonner cette escapade à sa bonne fortune, laquelle il avoit assujettie à sa volonté: car en ce dessein où il sembloit que les hommes & les élémens eussent conjuré contre lui, la terre lui refusant le vivre, la mer fracassant ses vaisseaux, l'air fournissant les tempêtes, & le pays où il étoit abordé, conjurant sa ruine; il résista constamment à tout cela, opposant à la faim sa prévoyance à nourrir son armée; au débris de la mer, sa diligence pour le radoubage de ses vaisseaux; aux attaques de ses ennemis, ses armes pour les battre: si bien qu'il les contraignit de lui demander la paix; & ainsi il se retira glorieusement d'un mauvais pas, où tout autre devoit succomber.

Considérons toujours comme avant que partir de la France, il pourvut à ce qui étoit nécessaire pour la contenir en son devoir, & à la sûreté de son retour.

Notons encore combien César abondoit en inventions pour bien prendre son temps dans l'occasion même: car comme il s'apperçut que ses soldats pour n'être accoutumés aux combats de mer, s'embarrassoient à la descente; il changea dans l'action même son premier ordre, & avec les vaisseaux à rame, approcha plus de la côte, & malgré ses ennemis mit pied à terre; & eux pour voir une maniére de vaisseaux qu'ils ne connoissoient point, s'étonnerent & se mirent en fuite. Aussi faut-il admirer en César deux parties qu'il avoit en perfection, lesquelles rendent un Capitaine excellent; à sçavoir qu'il pourvoyoit à toutes les choses qui pouvoient servir ou nuire à son dessein avant que de l'entreprendre : & que dans l'exécution il ne manquoit à prendre son temps quand il s'offroit, ou remédioit sur le champ aux accidens imprévenus qui lui arrivoient. En quoi il a été inimitable.

SEPTIE'ME GUERRE.
LIVRE V.

CESAR n'étant content de son premier voyage d'Angleterre, emploie l'hyver à faire préparer l'équipage nécessaire pour y passer une seconde fois : & selon sa coutume il va en Lombardie, d'où avant que retourner, il passe en Esclavonie pour y appaiser quelques séditions qui y étoient survenues : après il retourne en son armée, trouve tout en bon état ; loue un chacun de la bonne diligence qu'ils ont apportée à ap-

prêter toutes chofes. Mais avant que
partir, va à Tréves, très-puiffant peuple, fur la divifion furvenue entre
Indutiomar & Cingentorix, les deux
plus puiffans de la ville. Le dernier
va au-devant de lui, & lui promet
toute obéiffance : l'autre fe prépare à
la guerre. Néanmoins craignant d'ê-
tre abandonné, il fe rend. Céfar le
reçoit ; mais il diminue fon autorité,
& augmente celle de Cingentorix,
qu'il croyoit lui être plus affectionné.
Cela fait, il continue fon deffein,
méne à cette guerre les principaux de
Gaule. Dumnorix d'Autun en fait
difficulté, Céfar l'en preffe, il s'ex-
cufe : puis il tâche de débaucher les
Gaulois : finalement il s'enfuit, il envoie après, & ne voulant retourner;
il eft tué. L'embarquement fe fit à
Calais, où Céfar laiffa Labienus avec
trois légions & deux mille chevaux.
Il paffe en Angleterre, il ne trouve
nul empêchement à la defcente, il

fortifie un camp pour garder ſes vaiſſeaux , & laiſſe Q. Atrius , paſſe outre , & force le camp des Anglois un
peu éloigné de là. Le lendemain Atrius
lui mande que la tourmente a fra-
caſſé la plûpart de ſes vaiſſeaux. Il y
retourne, emploie dix jours entiers
à les raccommoder , les met en terre,
fait bien fortifier ce camp-là , mande
à Labienus qu'il lui faſſe faire de nouveaux vaiſſeaux ; puis avance vers
Caſſivellanus déclaré chef des Anglois contre lui , lequel ne l'oſe attaquer , ſi ce n'eſt quand il ſort de
ſon camp pour aller au fourage : ce
qui l'oblige d'y aller fort & en bon
ordre : & après avoir éprouvé en
quelques eſcarmouches ſa façon de
combattre , il le défait par C. Trebonius , l'un de ſes Lieutenans , qui
y étoit allé avec trois légions & toute la cavalerie. Depuis cette défaite
il ne parut plus d'ennemis en gros ;
& Céſar ayant abordé la Tamiſe au

seul lieu qu'on le peut gayer, la passe
en dépit des Anglois, qui s'efforcé-
rent de l'en empêcher. Cela étonna
tellement Cassivellanus, qu'il ne fit
plus que se cacher dans les forêts :
& voyant que diverses villes s'étoient
rendues à César, il envoya aussi vers
lui, lequel le reçût, baillant des ôtages, imposant un certain tribut sur le
pays ; puis voyant la saison avancée,
& appréhendant quelques tumultes
en France, il repasse la mer, rame-
nant son armée pleine de gloire : laquelle contre sa coutume, il fut contraint, à cause de la stérilité de l'année, de séparer en diverses garnisons,
pour la faire vivre. Mais avant qu'il
pût passer en Italie, Ambiorix & Ca-
tanuleus, excités par Indutiomar,
prennent les armes, attaquent Sabinus & Cotta, deux de ses Lieutenans, les défont, & les tuent comme
ils pensoient se retirer de leurs logemens. De-là vont attaquer Cicé-

ron dans son camp, l'un de ses autres Lieutenans, qui se défend avec grand' peine. César le délivre & défait les Gaulois. Le bruit de la défaite de deux légions Romaines incite les autres Gaulois à se révolter ; si bien que Labienus est attaqué dans son camp par Indutiomar. Il soutient son effort, puis après le défait & le tue. Comme la premiére défaite des légions Romaines avoit émû toutes les Gaules à se révolter, aussi ces derniéres des Gaulois leur firent quitter les armes.

REMARQUES.

EN ce second voyage de César en Angleterre, encore qu'il y soit allé plus fort & mieux préparé que la premiére fois, ayant remédié à toutes les choses qui lui avoient manqué ; néanmoins allant dans un pays où il lui falloit aller par mer, où il n'avoit aucune intelligence, & partant d'un autre nouvellement conquis, sujet aux révoltes, & qui enduroit mal volontiers la sujettion, il contenta plûtôt en icelui son ambition, qu'il ne fit grand profit aux Romains. Sur quoi nous remarquerons premiérement sa dextérité & prudence, en ce qu'il emmena volontairement avec lui tous les plus remuans des Gaules pour lui servir d'ôtages. Mais il femble que fa clémence naturelle lui fit faire une faute en fe contentant de diminuer l'autorité d'Indutiomar, au lieu de la ruiner tout-à-fait, dont depuis il fe penfa mal trouver.

Secondement, comme il ne s'étonne jamais aux accidens inopinés, & aufquels il pourvoit comme s'il les avoit prévûs. Ce qu'il témoigna bien à propos en cette grande tempête, qui lui fracaffa tous fes vaiffeaux, & qui eût mis au défefpoir tout autre que lui.

Tiercement, encore qu'il foit renommé pour le Capitaine qui a mieux fçû fe prévaloir de fes victoires, & qui les a pourfuivies le plus chaudement; il ne l'a pas voulu faire en celle ci, pource qu'il étoit en un pays inconnu, & que fon camp n'étoit encore bien fortifié.

Confidérons auffi que combien que la difette des bleds le contraignît contre fa coutume de faire hyverner fon armée en divers lieux, & non tout enfemble, pour la faire vivre plus facilement; il le fit fi judicieufement, que les lieux où il la logea, n'étoient fi éloignés les uns des autres, qu'ils ne fe puffent fecourir; ni fi proches, qu'ils ne continffent divers peuples en devoir. Néanmoins le fuccès de ce logement nous montre évidemment, qu'il n'eft rien fi bon que de loger en corps, pource qu'on entreprend plus facilement fur une petite troupe que fur une grande; ce qui donna hardieffe aux Gaulois de fe révolter, & d'attaquer le camp de Sabinus & de Cotta, où la harangue artificieufe d'Ambiorix qui parlementant avec eux, & leur perfuadant que la révolte étoit fi générale, qu'à même heure tous les autres camps étoient attaqués, & ne fe pouvoient fecourir les uns les autres, les mit en telle confufion d'avis, que la peur leur fit choifir le pire, qui étoit d'abandonner leur camp, & de fe retirer. D'où nous apprendrons

qu'on ne se trouve jamais bien de suivre les conseils de son ennemi, & que la retraite en vûe
d'ennemi est la plus dangereuse action qu'on puisse faire.

La résistance de Cicéron dans son camp, qui ne
voulut recevoir le conseil de son ennemi, mais
prit celui de se défendre dans les retranchemens,
lui réussit à son salut & grande gloire, & donna loisir à César de le secourir. En quoi il y a deux choses remarquables : la premiére, de César, qui ayant
appris que les Gaulois venoient à lui pour le combattre, se voyant foible, choisit un lieu avantageux, le fortifie, fait son camp fort petit, afin de
le mieux défendre, & faire croire à ses ennemis
qu'il étoit fort foible : lesquels après l'avoir pro-
voqué au combat plusieurs fois, commencerent à le
mépriser, dont s'engendra parmi eux une négligence de tout ordre, telle qu'ils ne l'attaquoient
plus qu'en désordre. Les ayant ainsi endormis un
jour, il les chargea si brusquement, qu'il les défait
sans résistance ; & Labienus, l'un de ses Lieutenans,
par un semblable stratagême, défait aussi facilement
Indutiomar. Et la seconde des Gaulois, qui ne
pouvant forcer le camp de Cicéron qui contenoit
dix milles de circuit, qui fut fait en trois heures, &
par des personnes qui n'avoient pour remuer la
terre que leurs épées, & pour la porter que leurs
habillemens. Ce qui montre le grand nombre de
gens qu'ils étoient, & ce qu'on peut faire aux armes bien réglées & bien pourvûes.

❖❖❖❖❖❖❖❖❖❖❖❖❖❖❖❖❖

[*HUITIE'ME GUERRE.*

LIVRE VI.

CESAR voyant les affaires des Gaules se disposer à la guerre, se fortifie de trois légions Romaines, & de tout autant d'autres soldats qu'il peut trouver. Ce qui lui vint bien à propos : car depuis la mort d'Indutiomar, les Trévois mirent leur gouvernement entre les mains de ses parens, qui se liguérent avec tous ceux qui se voulurent révolter, & particuliérement avec Ambiorix. Dont César ayant eu avis, met dès l'hyver quatre légions ensemble, surprend les Tournaisins, & les force de se rendre & lui bailler des ôtages : puis le printems venu, fait l'assemblée des Gaules à Paris, d'où le propre jour qu'il la finit, va attaquer ceux de Sens, puis ceux de Chartres, qui se trouvant surpris, se rendent. De-là il se prépare d'attaquer Ambiorix & les Trévois; mais auparavant il leur veut ôter leurs Alliés. Pour cet effet il se décharge de tout son bagage, qu'il envoie à Labienus, (qui étoit au pays des Trévois) avec deux légions pour le fortifier, & lui avec cinq va attaquer les Gaulois. Pour cette exécution il partagea son armée en trois, pource qu'il sçavoit bien qu'ils étoient assez forts pour lui disputer la campagne : & brûla & pilla tellement leur pays, qu'il les contraignit de se rendre, de bailler leurs ôtages, & d'abandonner Ambiorix. En ce même temps les Trévois attaquent Labienus, qui faisant semblant d'avoir peur, & se retirant comme s'il eût fui, les attira en désordre en lieux désavantageux où il les défit, & prit la ville même de Tréves. Cette expédition faite, César bâtit un pont sur le Rhin, & le passe. Ceux de Co-

logne le favorifent ; il fortifie fon camp , y fait provifion de vivres , & tâche de contraindre les Suéves de venir au combat. Mais voyant qu'ils fe retirent dans de grandes & profondes forêts , il ceffe de les pourfuivre , repaffe le Rhin , coupe du côté de l'Allemagne fix vingts pieds feulement de fon pont , fait une bonne tour fur le bout d'icelui , & bâtit un fort à l'autre bout du côté de la Gaule , laiffant douze cohortes à la garde d'icelui & dudit pont, (en cet endroit Céfar fait une defcription des mœurs & coutumes des Gaulois & Allemands). Cela fait , il va continuer la guerre contre Ambiorix ; & pour mieux furprendre il envoie devant L. Minutius Bafilius avec toute la cavalerie , lui défendant de faire aucun feu dans fon camp , afin d'ôter la connoiffance de fa vûe. Et ainfi il penfa fe faifir d'Ambiorix , qui fe fauva miraculeufement, & ne
fit

fit plus que fuir d'un lieu à l'autre.
Céfar pour mieux le pourfuivre, met
de nouveau fon bagage en un château du Liége nommé Vatucca, à la
garde duquel il laiffa Q. Tullius Cicéron avec une légion, lui ordonnant pendant fept jours que dure-
roit fon expédition, de faire bonne
garde, & de ne fortir de fes retranchemens. Puis il fépara fon armée
en trois pour ravager tout ce pays,
n'ayant obftacle d'aucune armée formée ; fi bien que fon plus grand foin
étoit d'empêcher que fes foldats, defi-
reux du butin, ne s'écartaffent trop,
de peur qu'ils ne fuffent affommés
des ennemis cachés dans les forêts
& dans les marêts. Le bruit vola
foudain de-là le Rhin que Céfar mettoit au pillage le pays de Gueldres :
ce qui donna fujet aux Weftphaliens
de participer à ce butin. Ils affem-
blent promptement deux mille chevaux, paffent le Rhin, pillent fans

résistance, & y prennent tel goût, qu'ils se résolurent d'attaquer le camp des Romains, où par malheur ce jour-là, qui étoit le septiéme du partement de César, Cicéron qui avoit observé son commandement fort exactement, n'en ayant nulles nouvelles ni de nuls ennemis, se laissa emporter à l'importunité de ses soldats, ausquels il avoit permis d'aller au fourage : quand au même temps il se vit attaqué à l'impourvû des Westphaliens, contre lesquels il eut de la peine à se défendre, jusqu'à ce que ses soldats retournant du fourage, une partie passa à travers les ennemis, & regagna le camp, mais le reste fut taillé en piéces. Néanmoins le secours ôta aux ennemis l'espérance de le forcer, & ainsi ils se retirérent en leur pays avec leur butin. Peu de temps après arriva César, lequel tança Cicéron d'avoir outrepassé son ordre ; puis se mit de nouveau à mettre à feu & à

fang le pays de Gueldres, & à pourfuivre Ambiorix, qui pourtant écha-
pa. Après cela il met fon armée en
garnifon, qu'il pourvoit de bled,
puis paffe en Italie.

REMARQUES.

EN cette guerre Céfar n'a pas eû de grandes
réfiftances, tout le monde fuyant devant lui, &
ne faifant que brûler & ravager le pays. Néanmoins il y a de belles remarques à faire. Car fi on
n'y apprend à combattre & à forcer les fortereffes, vous y apprenez la maniére de venir à bout
de ceux qui fe défendent en fuyant, & en fe retirant aux lieux inacceffibles : à quoi beaucoup de
Capitaines ont manqué, pour n'y avoir obfervé
trois chofes principales, comme a fait Céfar ; à
fçavoir de les prévenir tellement par une grande
diligence, qu'on les furprenne avant qu'ils puiffent retirer, ni eux, ni leurs vivres dans les forêts :
fi bien que par cette voie on contraint les uns à fe
rendre, & les autres à périr de faim. La feconde,
de féparer fon armée en autant de parties qu'on le
peut faire sûrement, afin qu'attaquant un pays en
divers endroits tout à la fois, les habitans d'iceluî
ne fçachent de quel côté fe pouvoir retirer : & la
derniére, d'empécher que fes foldats ne débandent fans ordre pour aller butiner, de peur qu'ils
ne foient affommés par les ennemis : duquel manquement eft fouvent arrivé de grands inconvéniens en des armées conquérantes. Ce qui nous
doit apprendre de ne relâcher jamais de la févéri-

té de la discipline militaire, quoique nous croyions être bien éloignés de nos ennemis, & en grande sûreté. L'exemple que nous en avons en ce livre de Q. Cicéron, est excellent pour cela ; lequel reçût une grande perte, & pensa être défait tout à plat, pour s'être laissé emporter à l'importunité de ses soldats, qui contre le commandement de César, voulurent sortir de leur retranchement pour aller au fourage.

Nous apprenons encore la différence des vieux soldats aux nouveaux, qui, faute d'expérience, ne sçûrent choisir le parti sûr & honorable, se retirant sur une colline où ils furent défaits : mais les autres voyant qu'il n'y avoit salut qu'en passant au camp, se firent voie avec leurs armes, & sauvérent, & eux, & leur camp. Et voyons combien la peur est ingénieuse à chercher des sujets qui l'augmentent : car pource que ce lieu-là étoit le même où Titurius & Cotta avoient été défaits l'année auparavant, ils en auguroient mal.

Remarquons aussi comme César, quand il vouloit faire une expédition de sept ou huit jours, où la diligence fût requise, il se déchargeoit de son bagage, qui à la vérité est une chose à la campagne d'un merveilleux empêchement. C'est pourquoi il est impossible de bien conduire une armée, si selon les occasions on ne retranche son camp, ou si on ne marche sans bagage.

Admirons encore combien César étoit bien averti par ses espions. Aussi est-ce une chose de telle utilité, qu'un Prince ou un Capitaine ne doit rien épargner pour cela, étant le plus puissant moyen qu'on puisse avoir, pour entreprendre de belles actions, ou pour éviter de grandes ruines.

Il ne faut non plus oublier sa dextérité à diviser ceux qui se liguoient contre lui, & à les attaquer séparément, & sa diligence coutumiére à les surprendre, étant venu à bout de la plûpart de ses grands desseins par ces voies-là.

Nous conclurons les remarques de ce livre par le stratagême de Labienus ; qui voulant combattre les Trévois, avant que les Allemands les joignissent, s'avisa de témoigner publiquement qu'il les appréhendoit, & qu'il vouloit se retirer, sçachant bien qu'il y auroit des Gaulois dans son armée qui les en avertiroient ; & cependant donna ordre secrétement qu'on se retireroit avec grand bruit, & comme ayant grande peur. Dont les Trévois étant avertis, sans attendre les Allemands, crurent ne devoir perdre l'occasion qui s'offroit à eux, passent une riviére, & viennent en désordre comme à une victoire assûrée. Mais Labienus tourne à eux en bon ordre, & les défait. Je ne conseillerai pourtant jamais de tenter un tel stratagême avec de nouveaux soldats, qui le plus souvent s'effraient quand on vient à eux en courant & sans ordre ; ce qui au contraire assûre ceux qui sont expérimentés au combat.

❋·❋❋❋❋❋❋❋❋❋ ❋❋❋❋❋❋❋❋❋ ❋❋❋

NEUVIE'ME GUERRE.

LIVRE VII.

LEs affaires de Gaule étant paisibles, César va en Italie selon sa coutume, où il entendit la mort de Pison, & les brouilleries de Rome, qui induisirent de nouveau les

Gaulois à se révolter. Chartres commença : les Auvergnats suivirent, & ensuite plusieurs autres peuples. Vercingentorix, Auvergnat, est élû chef de tous. Ces nouvelles entendues de César, il part en plein hyver, passe les montagnes de Gévaudan couvertes de neiges, & se rend plûtôt en Auvergne qu'on ne sçût son partement d'Italie ; ce qui raffermit plusieurs peuples à son parti, & étonna ceux qui s'étoient révoltés. Avec cette même diligence il passe en Bourgogne & Champagne, & assemble son armée, vient en Berry, & assiége & prend Vellaudunum, (dont il prend six cens ôtages) puis força Gien, (ou Orléans) où il y eut grand meurtre. Vercingentorix voyant le succès de son ennemi, & ne jugeant avoir assez bonne armée pour le combattre en campagne, le veut vaincre en lui ôtant tous moyens de subsister. A cet effet il brûle plus de

vingt villes, ne conſervant que Bourges, (encore fut-ce contre ſon avis).
Céſar l'aſſiégea, où il pâtit beaucoup,
& ſe trouva en de grandes difficultés & néceſſités : enfin les ayant ſur-
montées, il la prit, il tua quarante
mille hommes, & y rafraîchit ſon
armée. Durant ce ſiége il tâche de
ſurprendre le camp de Vercingentorix, dont il eſt repouſſé ; lequel ne
s'étonnant point de tant de mauvais
ſuccès, il continue la guerre avec
beaucoup de courage & de prudence ; & pour empêcher ſon ennemi
de paſſer la riviére d'Alliers, il en
coupe tous les ponts. Néanmoins Céſar l'amuſant d'un côté, la paſſe en
un autre, & va aſſiéger Clermont.
Vercingentorix ſe campe de l'autre
côté : il s'y fait pluſieurs attaques &
beaux combats. Toutefois Céſar eſt
contraint de lever le ſiége, ſoit qu'il
jugeât ne la pouvoir prendre, ou
bien pour remédier à la révolte des

Autunois, procurée artificieufement par Litavicus; lequel s'étant fait élire chef d'un fecours qu'ils envoyoient à Céfar, n'étant plus qu'à dix lieues de lui, feignant d'avoir nouvelles de l'armée, qu'il avoit fait maffacrer tous les Autunois qui y étoient, ce qu'il manda auffi-tôt à Autun : fi bien que là, & dans fon camp il fit maffacrer tous les Romains qui s'y trouvérent, pilla les biens, & fur-tout le bled qu'ils portoient pour la nourriture de l'armée ; dont Céfar averti par Eporédorix, prend, fans confulter, quatre légions & toute fa cavalerie, marche jour & nuit, attaque Litavicus avec fes forces, fait connoître fa tromperie à fes foldats, & fans coup férir, les réduit à fa difcrétion. Puis dépêche foudain à ceux d'Autun, pour leur donner avis de ces chofes, & avec la même diligence retourne fort à propos à fon camp, qu'il fecourt, le trouvant attaqué

taqué & fort preſſé par Vercingentorix. Cela fait, il prend ſon chemin vers
la riviére d'Alliers , & la paſſe. Cependant Litevicus qui s'en étoit fui
vers Vercingentorix , procure la ligue
des Autunois avec lui , & Eporédorix & Virodumar ſe ſaiſiſſent de Ne-
vers , où Céſar avoit laiſſé ſes ôtages,
les bleds & deniers du public ; la pillent & la brûlent. Ce qui le met en
de grandes néceſſités , à cauſe que
Vercingentorix le côtoyoit toujours ,
& lui coupoit ſes vivres. Enfin il ſe
réſolut de gagner à grandes journées
la riviére de Loire qu'il paſſa , pour
pouvoir joindre Labienus, auquel dès
le commencement de cette guerre , il
avoit baillé quatre légions, pour aller
vers Paris. Pendant que ces choſes ſe
paſſoient de la ſorte , Labienus ſe
trouve en grande peine dans l'embarras de toutes ces révoltes. Néanmoins s'étant ſaiſi de Melun , il donna jalouſie en divers endroits à ſes

E

ennemis ; fi bien qu'il paffa par cette
rufe la riviére de Seine. Et avant
que tous ces peuples révoltés fuffent
joints enfemble, il défit les premiers
qui s'oppoférent à lui, gagna Pro-
vins, & de là joignit Céfar. En même tems les menées & intelligences
des Gaulois fe renforcérent : ils tiennent une affemblée, où prefque toutes les Gaules fe trouvent, élifent de
nouveau chef général Vercingentorix, qui fait provifion de beaucoup
de cavalerie, afin de miner les Romains en leur retranchant les vivres.
De l'autre part, Céfar fait fes provi-
fions, & foldoie la cavalerie Alle-
mande ; mais Vercingentorix fe laiffant emporter à la bonne opinion
qu'il avoit de fa cavalerie, attaque
un combat contre celle de Céfar, où
il eft défait. Après quoi il fe retire à
Alexie, où Céfar le fuit & fe réfout
de l'affiéger. Vercingentorix s'apper-
çevant de fon deffein, ramaffe tous

les vivres de la ville, les fait diftribuer par mefure, & jugeant qu'en
les bien ménageant il en pouvoit
avoir pour près de deux mois, fe
décharge de fa cavalerie, envoie
chacun en fa contrée pour procurer
fon fecours à temps ; & lui avec
quatre-vingt mille hommes de combat s'enferme dans Alexie, laquelle
Céfar enclôt de doubles & triples
tranchées ; puis fait une feconde circonvallation pour s'oppofer aux fecours de dehors, avec un labeur &
une diligence incroyable, & fait provifion de vivres fuffifamment pour
pouvoir faire confommer ceux des
affiégés, lefquels fouffrent de grandes difettes. Enfin le fecours vient
fous la conduite de Cornio, en nombre de deux cens cinquante mille
hommes, fait trois grands efforts en
divers temps, deux de jour & un de
nuit, eft repouffé & fe retire : ce qui
contraint ceux de dedans à fe rendre

à la discrétion de César, qui retint les Autunois & Auvergnats, pour r'avoir les villes qui lui étoient nécessaires, & distribue tous les autres à ses soldats. Après cet exploit tout le reste fait joug. Ainsi se passa cette guerre, qui a été la plus grande & périlleuse que César ait eûe en Gaule.

R E M A R Q U E S.

TOUTES les autres guerres de César en Gaule, se sont faites à piéces détachées, s'étant servi de la division des peuples pour les ruiner : cette-ci a été d'un consentement presque universel de tous, qui élevérent un Chef suprême, grand en prudence & courage, lequel s'appercevant bien que la bonne discipline des Romains, & leur science au métier de la guerre, les rendoit invincibles aux batailles, changea la maniére de la leur faire, & en la prolongeant sans hazarder un combat général, se trouvant supérieur en cavalerie en un pays qui lui étoit favorable, & incommodant de vivres leurs armées, pensa les ruiner. Sur quoi nous avons de belles remarques à faire.

Premiérement sur Vercingentorix, qui ayant été volontairement élû Chef de divers peuples qui avoient émulation les uns sur les autres, les a sçû si bien gouverner, que quelque adversité qu'il ait eû en ses affaires, il s'est toujours maintenu parmi eux en grande autorité & redoutable, n'épargnant la sévérité ou le cas le requéroit : (car la crainte est le plus puissant moyen à retenir les hommes). Les mauvais succès ne l'ayant jamais abbatu , ni diminué sa créance : même s'étant vû accusé d'avoir intelligence avec les ennemis , il les a harangués si hardiment , qu'il en est toujours sorti plus autorisé qu'il n'étoit auparavant. Aussi est-ce un efficacieux moyen à contenir des peuples , que de leur parler souvent sur les affaires qui se passent. Il a eû le pouvoir de faire mettre le feu à plus de vingt villes pour incommoder leurs ennemis : ce qui témoigne son bon sens, car c'étoit le seul moyen de vaincre les Romains (plus forts qu'eux au combat) que de les combattre par la faim. Et en telles affaires tous les conseils médiocres , ou à demi-exécutés , sont ruineux ; comme la prise de Bourges nous en sert d'un exemple mémorable, pource qu'en la voulant sauver d'un embrasement salutaire , elle fut conservée pour l'utilité des Romains , qui en sa prise trouvérent les commodités qui leur manquoient. Son grand crédit est remarquable ; car à des peuples libres , au commencement d'une guerre, avant que d'en avoir éprouvé les mauvais succès, & dans l'espérance de pouvoir vaincre, sans venir à des remédes si cuisans: il leur persuade de mettre le feu à leurs maisons & à leurs biens , pour la conservation desquels se fait le plus souvent la guerre. C'est une entreprise bien difficile , pource que la perte des choses certaines & présentes , qu'on voit & qu'on touche , est préférable, parmi un peuple ignorant , aux choses dont les événemens sont incertains, & les utilités éloignées ; & nul ne peut bien comprendre cette difficulté , qui ne l'a expérimentée au gouvernement des peuples. Il a encore montré sa constance jusqu'à la fin, n'ayant appréhendé, (étant chef de tant de nations diverses) de s'enfermer dans une place , où il a fait tout ce qu'un

E iij

prévoyant & brave Capitaine devoit faire, & a surmonté la faim & les incommodités d'un siége, ayant tenu bon jusqu'à ce que son secours ait été repoussé & défait ; mais pource que les histoires ne se font que par les victorieux, nous ne voyons ordinairement estimés que les enfans de la Fortune.

Examinons maintenant la conduite de César en cette guerre, qui le surprend étant en Italie, au fort de l'hyver, son armée séparée en diverses contrées, éloignées les unes des autres, & les peuples révoltés étant tellement sur son chemin, qu'il lui étoit presque impossible d'aller joindre ses légions. A de si grandes difficultés il ne trouve autre moyen de les surmonter, que par un travail incomparable, par lequel il se fait voie dans les montagnes couvertes de six pieds de neige, & effraie plus ses ennemis de le voir au milieu d'eux (quand ils le croient encore en Italie, & hors de moyen de pouvoir passer) que par ses grandes forces. Il aida aussi par son industrie à cet effroi, en faisant faire en même temps diverses courses à sa cavalerie, pour montrer qu'il étoit fort puissant.

Considérons encore comme César voyant la maniére de la guerre changée, & qu'on évitoit les batailles, s'adonne aux siéges de Places, où il ne se montre pas moins admirable qu'à ses autres actions de guerre. Car tout ce que les plus excellens Capitaines modernes pratiquent, est puisé de ses actions, & tout ce que nous admirons d'Ostende, de Breda, de Bolduc & de plusieurs siéges du feu Prince Maurice, qui a surpassé tous les autres en cette matiére-là, est infiniment au-dessous des deux circonvallations d'Alexie, où l'industrie, le travail, & le peu de temps auquel elles ont été achevées, surpassent de bien loin tout ce qui s'est fait ailleurs. Je sçai que l'invention de la poudre &

l'artillerie a changé la maniére des fortifications, des attaques & défenses des Places ; mais non de telle sorte, que les principaux fondemens sur lesquels on les a établis, ne soient pris particuliérement de César, qui en cette affaire a surpassé tous les Capitaines Romains.

Il est aussi admirable en ses inventions & stratagêmes, & en la hardiesse de ses entreprises. Quand il voulut donner un assaut aux retranchemens qui étoient autour de Clermont, il leur donna du soupçon par un gros qu'il fit des valets & bagages du camp, qu'il fit passer à leur vûe du côté qu'il ne vouloit point attaquer; mais non de si près qu'ils pûssent discerner quelles gens c'étoient ; & ayant fait embusquer la nuit une légion, & fait couler une élite de soldats au petit camp, qui étoit plus proche de la place, il les attaque si à l'impourvû, qu'il leur enléve tous les retranchemens.

Quand il voulut passer la riviére d'Alliers, à quoi s'opposoit Vercingentorix, il fait embusquer des légions proche d'un pont qui avoit été rompu, & avec le reste de l'armée, qu'il faisoit paroître comme si elle eût été entiére, il suit le long de la riviére comme s'il eût cherché un autre passage, amusant si bien l'armée ennemie, qu'il fait refaire le pont avant qu'on s'en fût apperçû, & ainsi il passa sans empêchement.

Quand Vercingentorix durant le siége de Bourges sortit avec sa cavalerie, il partit de nuit, & vint attaquer son infanterie dans son camp, & peu s'en fallut qu'il ne l'emportât.

Quant au siége de Clermont, apprenant la révolte de dix mille Autunois qui venoient à son secours, il prend quatre légions, marcha jour & nuit pour les attraper, les prend tous, & retourne assez à temps pour défendre son camp qui étoit attaqué par Vercingentorix. Par où nous remarquerons en

E iiij

paſſant l'utilité qu'il y a d'avoir toujours ſon camp bien fortifié, afin d'être en état d'entreprendre à toute heure ſur ſon ennemi, ſelon les occaſions qui s'en préſentent.

Je ne ſçaurois oublier ſa grande modeſtie. Cornio qu'il avoit favoriſé, accrû en biens & en honneurs, & auquel il s'étoit grandement fié, il l'excuſe en ſa révolte plûtôt que de le blâmer, alléguant qu'il ſe laiſſa emporter au conſentement commun, de vouloir recouvrer la liberté & la gloire de toute la Gaule.

Diſons un mot de Labienus, l'un de ſes Lieutenans, qui ſe trouvant embarraſſé avec quatre légions de Céſar dans cette révolte générale, entouré de toutes parts d'ennemis, ayant à paſſer la riviére de Seine ſur des bateaux pour joindre Céſar, & s'y opposant de grandes forces qui groſſiſſoient à toute heure. En cette extrémité il emploie le courage & l'induſtrie, ſépare ſes troupes en trois, fait de grandes démonſtrations en deux endroits, de paſſer où il ne vouloit point; & ainſi ayant ſéparé leurs forces en diverſes troupes, qui ne ſçavoient où ſe porter pour s'oppoſer à lui, paſſa la nuit avec trois légions ou moins : ils l'attendoient, & combattit, & défit les premiers qui vinrent à lui; ſi bien qu'ayant fait paſſer à ſon aiſe le reſte de ſes troupes, il joignit ſans empêchement Céſar. Sur quoi je ferai cette remarque, à ſçavoir que celui qui n'eſt fort ſoigneux, diligent & prévoyant à garder le paſſage d'une riviére, ou celui d'une montagne, eſt preſque toujours prévenu; parce que celui qui le garde s'endort ſur l'avantage du lieu, & celui qui veut paſſer, cherche tous expédiens, (& enfin les trouve) pour ſurmonter tous obſtacles.

DIXIÉME GUERRE.
LIVRE VIII.

LEs Gaulois défirant de faire encore un effort pour fecouër le joug de leur fervitude , diverfes villes conjurérent enfemble leur révolte. Dont Céfar étant averti, les furprend fi à l'impourvû, qu'il maintint en fidélité celles qui ne s'étoient pas révoltées, & ramena les autres. Dix-huit jours après être revenu dans fes logemens d'hyver, ceux de Bourges lui donnérent avis qu'ils étoient attaqués par ceux de Chartres. Il va à leur fecours , & nonobftant les grandes pluies, les range à la raifon. Enfuite ceux de Rheims lui demandent affiftance contre le peuple de Beauvais , le plus puiffant & vaillant de la Gaule, & conduits par Corbeus & Comius , deux braves chefs de guerre. Il y va, prend soin d'avoir de leurs nouvelles, se campe devant eux, où ses gens reçoivent quelque échec allant au fourage. Mais après que Corbeus eût changé de camp, & se fût logé plus fortement, il apprit qu'il avoit dressé une embuscade aux siens qui alloient au fourage, il y va si fort qu'il le défait, & le tue. Cette victoire obligea les Beauvoisins de se rendre; mais Comius s'enfuit, ne se voulant fier aux Romains, pource que peu avant Labienus l'avoit voulu faire assassiner par Vollusenus, au préjudice de la foi publique. Cette guerre ainsi finie, César va faire le dégât au pays d'Ambiorix pour le faire haïr des siens, sous Fabius, l'un de ses Lieutenans; il secourt Limoges attaqué par Dumnacus, lequel il poursuit, & ainsi qu'il se hâtoit pour gagner la riviére de Loire, afin de se mettre en sûreté, il le défait; puis subjugua les

Chartrains & la Bretagne avec une
grande promptitude & félicité. Sous
Caninius il assiége Drapez & Lutérie dans la ville de Cadenac : lesquels
étant sortis pour pourvoir la ville de
bleds , Lutérie est défait en voulant
les y mettre , & ensuite Drapez attaqué & pris dans son camp. Après
quoi il forma tout-à-fait le siége , où
César vint en personne , qui trouva
moyen de leur ôter l'eau ; si bien
que ce pauvre peuple se rendit à sa
discrétion, qu'il traita rudement , faisant couper les mains à ceux qui
avoient porté les armes ; dont Drapez prisonnier eut tel déplaisir , qu'il
se laissa mourir de faim : & peu de
jours après Lutérie fut pris & mené
à César. En même temps Labienus
défit les Trévois & Allemands , &
prit tous leurs chefs. Après tant d'heu-
reuses victoires de César , obtenues
par lui ou par ses Lieutenans, il aché-
ve l'été à se promener par les Gaules,

pour mieux assûrer sa conquête ; sur-
tout en Gascogne, où il avoit peu
été : & départ son armée composée
de dix légions, aux lieux qu'il juge
les plus nécessaires : ce qui lui servit
d'un ferme appui, pour se maintenir
dans les discordes civiles de sa patrie, où il va entrer.

Remarques.

AUCUNS attribuent les si fréquentes révoltes
des Gaulois à leur humeur changeante & impa-
tiente, & qui ne peut souffrir une domination
étrangère : & d'autres à la trop grande clémence
de César. J'avoue que la clémence qui ne ferme
la porte au pardon, donne quelque hardiesse à la
révolte, pource qu'on oublie facilement tous bienfaits qui ne rétablissent entiérement la liberté. Mais
si la cruauté nous les rend moins fréquentes, elle
les fait plus dangereuses ; pource que quand le désespoir y contraint, & que l'espérance de salut consiste en la seule victoire, les conjurés deviennent
tous vaillans, obstinés, constans & fidéles jusqu'au
bout. Ce qui n'arrive jamais quand on espère en la
clémence de son ennemi. Nous en avons ici de riches exemples. César en la plûpart des révoltes
des Gaules, a souvent trouvé de grandes facilités
à les ramener, à cause de sa clémence qui lui a été
un puissant moyen à les diviser entr'eux, & à les
empêcher d'être opiniâtres à leurs révoltes. Et si
parfois il lui est échapé de faire quelque sévérité,

il l'a fondée fur quelques actes fales & indignes ; comme quand ceux de Vannes, fous la foi publique, arrêtérent les Chevaliers Romains, qui alloient parmi eux acheter des bleds pour la nourriture de l'armée, (mais je ne puis excufer celle de Cadenac ;) au contraire les cruautés du Roi d'Efpagne exécutées par le Duc d'Albe, ont jetté au défefpoir de pauvres pécheurs qui ont fecoué fon joug infupportable, & avec conftance admirable fe font maintenus, accrûs, & rendus fi redoutables, qu'ils lui réfiftent fur la terre, & lui vont voler fes tréfors dans les Indes.

Céfar nous montre auffi par fon foin & induftrie à avoir des nouvelles des ennemis, foit en prenant des prifonniers en la campagne, ou à avoir de bons efpions, l'avantage qu'on en tire. Car plufieurs de fes heureux deffeins ont été fondés làdeffus, y ayant grand avantage à les tenter, pource que celui qui attaque a plus de courage que celui qui eft attaqué, lequel croit toujours que l'attaquant eft le plus fort, ne fçait par où il l'attaque, & appréhende quelque intelligence. Bref, tout ce que peut faire en tel cas une armée bien aguerrie & bien difciplinée, eft de fe défendre. Mais parmi de nouveaux foldats il y arrive de grands défordres. Et c'eft pourquoi il prenoit tant de foin à rendre fon camp bien fort, afin de le conferver, & tout fon bagage avec peu de gens, & pouvoir faire fans péril de belles exécutions, étant toujours affûré de fa retraite.

Voyons encore le fiége de la ville de Cadenac, laquelle Céfar jugeant imprenable de force, & la fçachant bien munie de bleds, emploie un grand & périlleux travail pour leur occuper l'eau d'une fontaine qui étoit hors de la ville, & la feule qui les abreuvoit. Dont les affiégés s'appercevant, & ayant mis le feu au travail, & par une fortie empêchant qu'on ne l'éteignît , César ne pouvant les repousser à cause de l'avantage du lieu, s'avise de faire donner un assaut à la ville, & par cette appréhension les fait retirer.

ABREGÉ
DES GUERRES
CIVILES
DES COMMENTAIRES
DE CESAR.
LIVRE I.

LA vraie cauſe de la guerre civile entre Pompée & Céſar, eſt
que l'un ne vouloit point de com-
pagnon, & l'autre ne pouvoit ſupporter de maître ; mais celle qui ap-
parut, fut le refus qu'on fit à Céſar
de le recevoir à briguer le Conſulat
étant abſent, (quoiqu'on le lui eût
promis) : ou bien de vouloir que ſeul
il déſarmât, & que ceux qui s'étoient
déclarés ſes ennemis, demeuraſſen

armés. Ce qui fe réfolut avec violence, & contre la volonté de la
Commune : fi bien que les Tribuns
du peuple furent contraints de quitter la ville, & d'aller trouver Céfar,
qui prenant l'occafion au poil, fait
de fa caufe particuliére la publique,
remontrant à fes foldats qu'il n'eft en
armes que pour remettre en liberté
le peuple opprimé par le Sénat ; &
les ayant bien animés là-deffus, il
part de Rimini, (qui étoit encore
de fon gouvernement) & s'empare
de toute la Marche d'Ancône, ce
qui apporta un grand effroi à Rome.
Pompée & les Confuls l'abandonnent, & n'ofent faire leur gros plus
près que Capoue. Cependant Céfar
continuant fon chemin, affiége Domitius Enobarbus dans Corfinium,
qui, (avec tous les Sénateurs qui
l'accompagnoient) lui eft livré par
fes foldats mêmes, lefquels prennent fon parti : il laiffa aller Domitius

tius & les Sénateurs où ils voulurent, leur faisant rendre tout ce qui leur appartenoit. Suivant sa pointe, il assiége Pompée dans Brundusium, qui ne voulant soutenir le siége, passe la mer avec son armée, ce qu'il ne peut faire qu'en deux fois, à cause du manquement des vaisseaux. Encore usa-t-il de grand artifice & précaution, pour cacher à César sa retraite, & pour empêcher que ceux de Brundusium ne donnassent moyen à son ennemi de l'attraper. César ne le pouvant suivre faute de vaisseaux, envoie Valerius en l'Isle de Sardaigne, & Curion en celle de Sicile. Cotta abandonna l'une, & Caton l'autre, se plaignant de Pompée qui les avoit embarqués mal-à-propos en cette guerre, & passérent en Afrique. Cependant il vint à Rome, justifia ses actions, & offrit de se porter à une paix raisonnable. Mais voyant que ses ennemis tiroient la

F

négociation en longueur, il paſſe en Gaule, & y fortifie ſon armée de Gaulois. Marſeille lui refuſe les portes, il l'aſſiége ; cependant envoie C. Fabius ſe ſaiſir des paſſages des monts Pyrénées : ce qu'il fait bravement ; puis s'approche de Petreius & Affranius, qui avoient leur camp au-deſſous d'Ilerde, & lui ſe campe ſur la Segre, où il fait deux ponts. Il ne ſe paſſa du commencement que de legères eſcarmouches, juſques à ce que deux légions de Fabius étant allées au fourage, par le pont plus éloigné du camp, il vint à rompre ; dont les ennemis étant avertis, vont avec quatre légions & toute la cavalerie, pour les combattre. Mais s'étant retiré ſur une colline avantageuſe, & Fabius qui s'en douta, étant venu à leur ſecours, il les délivra de ce péril. Sur ces entrefaites Céſar ayant laiſſé C. Trebonius, ſon Lieutenant général, au ſiége de Mar-

feille, & D. Brutus, Chef de son armée navale, arriva en son camp. Y
étant, il voulut se loger entre Ilerde & le camp des ennemis ; mais
après un long combat, duquel chacun se donnoit l'avantage, ils se retirérent les uns & les autres dans
leurs logemens. Aussi-tôt après les
pluies continuelles emportérent ses
deux ponts, & rendirent la riviére
du tout ingayable. Ce qui les mit en
des nécessités extrêmes, ne pouvant
recouvrer de vivres, ni joindre de
nouvelles forces qui lui venoient de
Gaule, ni refaire ses ponts, à cause
de la rapidité de l'eau, & de l'empêchement que ses ennemis lui donnoient, qui étoient sur l'autre bord
de la riviére. Enfin il fait faire des
bateaux ; & tandis que Pompeius s'a-
musoit à attraper quelques Gaulois
qui venoient les joindre, il porte
dans des chariots les bateaux à vingt
milles de son camp, les met sur la

riviére , fait paſſer quelques ſoldats ſur l'autre bord, & ſans perdre temps, y coule encore deux légions , à la faveur deſquelles il fait ſon pont. Et par ce moyen il rétablit le chemin, & la ſûreté de ſes vivres , & joignit les troupes qui venoient à ſon ſecours. Cette action raſſûra ſon armée; étonna l'ennemi , & donna tant de réputation à ſes affaires, (avec la nouvelle qu'il eut en même temps que Brutus avoit défait par mer les Marſeillois) que cinq bonnes villes ſe rendirent à lui, & diverſes autres traitérent. Mais ne s'arrêtant en ſi beau chemin, il fait diverſes tranchées pour ôter l'eau au camp des ennemis. Et pour rendre la Segre gayable, Affranius & Petreius appréhendant que ſon deſſein lui réuſſît, réſolurent de gagner Octogèſe aſſiſe ſur l'Ebre, où ils avoient par avance envoyé faire un pont. Pour cet effet, ils partent à minuit. Céſar les fait suivre par sa cavalerie, qu'il fait passer à gué, (pource que son pont étoit fort éloigné): puis ensuite ayant laissé son bagage dans son camp, passe avec l'infanterie, & les suit si promptement, qu'il rompt leur dessein, les empêchant d'aller où ils vouloient, & même de retourner d'où ils venoient; si bien qu'il les met en telle extrémité de la faim & de la soif, que sans coup férir, ils sont contraints de se rendre à sa merci. Il les congédie tous, & les contente avec des courtoisies in-croyables, & jamais ailleurs exercées envers des ennemis. Ainsi il demeure maître de l'Espagne, les renvoyant comblés de honte & d'obligations, pour publier à l'envi sa clémence & sa valeur.

REMARQUES.

C'EST une chose très-dangereuse à un peuple, à un Général d'armée, & à une armée même, quand ils font furpris de la peur ; car elle eft toujours fuivie de fâcheux & ruineux accidens : & tous Conducteurs de peuples & Chefs d'armées la doivent prévoir, & y pourvoir très-foigneufement. Il y a trois exemples notables en ce livre fur ce fujet. Le premier, quand Céfar paffa le Rubicon, car avant cela on le déclare ennemi de la chofe publique. Pompée promet qu'en donnant du pied contre terre, il fera foudre des armées pour le combattre : qu'à fon approche fes propres foldats le lui livreront: ne le juge digne qu'on faffe aucune confidération de lui : on chaffe de Rome ceux qui l'ofent nommer : bref il eft traité comme un criminel de peu d'eftime. Néanmoins dès qu'il eut fait le premier pas en avant pour déclarer la guerre, & encore qu'il fît le même à Pezaro qu'à Rimini, n'ayant pas le quart de fon armée, chacun s'étonne, Pompée & les Confuls s'enfuient, l'on quitte le foin des levées de gens de guerre, & l'on abandonne Rome. Les caufes de ce grand changement proviennent de ce que Pompée ne s'eft jamais imaginé que Céfar eût ofé entreprendre un fi haut deffein, fe fondant fur la préfomption que fes vertus & fa bonne fortune lui avoient données; ce qui le fait plûtôt fonger à maintenir fon parti dans la ville, qu'à pourvoir à la défenfe d'icelle: fi bien que quand il vit les chofes aller autrement qu'il ne les avoit publiées, il s'étonna. Ce ne fut pas lors grande merveille fi un peuple ignorant qui prend fon affûrance, ou fa crainte, fur la bonne ou mauvaife contenance de celui, entre les bras duquel il s'eft jetté, fit le femblable. Sur quoi je dirai qu'aux affaires de telles importances il faut, à l'imitation de Céfar, avant que d'y entrer, confidérer mûrement tout ce qui en peut arriver de pis, afin que les mauvaifes rencontres ne vous furprennent point. Mais quand on y eft embarqué, il faut se résoudre à tous événemens, & avoir la constance d'aller jusques au bout.

Le second exemple est, quand Domitius Enobarbus se voyant hors d'espérance d'être secouru de Pompée, prend résolution de se sauver de Corfinium où il étoit assiégé; mais par son visage plus morne que de coutume, par ses paroles moins résolues que le temps ne portoit, & par le retranchement de son soin aux travaux nécessaires pour la défense commune, il découvrit à ses soldats ce qu'il leur vouloit cacher, si bien que prévenant la fuite, ils le livrèrent à César. C'est une belle leçon à un Capitaine, pour lui apprendre que c'est au plus grand péril qu'il doit faire la meilleure mine ; car ses soldats s'assûrent ou s'étonnent, selon ce qu'ils remarquent dans son visage.

Le troisiéme est, lorsque César reconnut l'effroi des soldats d'Affranius & de Petreius : parce, dit-il, qu'ils ne se secouroient point les uns les autres : qu'à peine avoient-ils reçû le choc de la cavalerie, qu'ils avoient mis toutes leurs enseignes en un monceau : qu'ils ne maintenoient leurs rangs ni leurs distances, & qu'ils ne bougeoient d'un champ de la bataille, où ils ne pouvoient subsister faute d'eau. Et encore qu'on ne s'approche pas maintenant si près les uns des autres, qu'en ce temps-là, à cause du canon, néanmoins les expérimentés Capitaines se servent utilement de tels jugemens. J'ai vû Henri le Grand poursuivant huit cens chevaux avec moins de deux cens, juger qu'ils ne rendroient point de combat, pource qu'ils se confondoient & n'observoient point leurs distances ; ce qui arriva comme il l'avoit prédit.

Encore que se retirer d'une ville assiégée par un port de mer, ne semble pas une chose fort difficile, néanmoins les précautions que Pompée apporta se retirant de Brundusium, fut ce qui le sauva. Car ayant affaire à un peuple qu'on abandonne, & à un ennemi vigilant, il étoit perdu s'il n'eût muré les portes, & bouché toutes les avenues de Brundufium, hormis deux affez cachées, qui conduifoient fes gens au port ; pource que quand les derniers fe retirérent de deffus les murailles, les habitans firent en même temps monter ceux de Céfar. C'eft pourquoi à toutes fortes de retraites un Capitaine ne fçauroit apporter trop de foin, pour la rendre fûre, & pour éviter le défordre : & quand il la fait par fon choix, il doit la faire de fi bonne heure & fi promptement, qu'il ne foit point obligé de combattre. En cet endroit je parlerai d'une difpute entre Affranius & Petreius, l'un fe voulant retirer de nuit, & l'autre de jour. Ceux qui vouloient partir de nuit, alléguoient qu'ils gagneroient les montagnes & les lieux affûrés, avant qu'on s'en apperçût. Les autres jugeoient qu'ayant affaire à Céfar, & fort en cavalerie, ils ne pourroient fe dérober de lui fans combattre ; & qu'en ce cas il valoit mieux que ce fût le jour que la nuit, qui apportoit toujours du défordre aux retraites. Et cette opinion prévalut, dont ils ne s'en trouvérent pas mieux. Pour moi je tiens que l'autre opinion étoit meilleure ; car outre que c'eft une chofe très-dangereufe que de fe retirer de jour en préfence d'ennemi : un avifé Capitaine ne s'engage guéres à fuivre une armée de nuit, pource qu'il eft difficile de s'empêcher de tomber en quelque embufcade.

✳✳✳✳✳✳✳✳✳✳✳✳✳✳✳✳✳✳✳✳✳✳

LIVRE II.

DURANT que ces chofes fe paſſoient en Eſpagne, Caius Trebonius continue le ſiége de Marſeille, au ſecours de laquelle Pompée
envoie de nouveau L. Naſſidius, qui
joignant ſes forces navales avec celles des Marſeillois, donna la bataille
contre Brutus, où il fut battu. L'é-
chec tomba ſur les Marſeillois, pource qu'ils combattirent plus opiniâtrement que les autres, comme plus in-
téreſſés à la conſervation de leurs
biens & liberté : & ce qui les affligea
le plus, fut qu'ils avoient conçû une
trop grande eſpérance de leur déli-
vrance. Ils ne laiſſérent pourtant de
continuer une vigoureuſe réſiſtance.
Néanmoins le travail de Trebonius
fut tel, qu'avec mantelets & autres
machines, il approcha d'une Tour
qu'il ſappa, & en fit tomber une partie.

G

Ce qui étonna les Marseillois, qui promirent de se rendre à la venue de César, & demandérent tréve jusques-là. Trebonius la leur accorde, & ses soldats faisant mauvaise garde sur la confiance de la tréve, un jour de grand vent ils sortent subitement, & brûlent toutes les machines des Romains. Trebonius ne s'étonna pas pour cela ; il les refait diligemment : ce qui oblige Domitius de se sauver par mer avant l'arrivée de César ; lequel encore que les affaires d'Italie l'appellassent, ne voulut partir d'Espagne qu'elle ne fût toute à sa dévotion. Il y restoit M. Varro, qui du commencement parloit avec grand respect de lui ; mais quand il pensa ses affaires n'être en bons termes, il s'émancipa contre lui & ceux de son parti ; si bien qu'après la défaite d'Affranius & de Petreius, il se trouva engagé à soutenir la güerre. Mais César ayant fait une assemblée à Cor-

doue, tous l'y vinrent trouver & reconnoître ; & diverses villes chassé-
rent les garnisons de Varro, qui se
trouva abandonné jusques-là, que de
deux légions qu'il avoit, l'une le
quitta. Tellement qu'il fut contraint
d'avoir recours à la miséricorde de
César, aussi bien que les autres. Cela fait, il laissa L. Cassius Longinus
en Espagne, & passe à Marseille qui
se rend à lui, puis va à Rome. En
ce même temps Curio passe de Sicile
en Afrique, avec deux légions seulement & cinq cens chevaux, se loge
au camp Cornélien proche d'Utique,
où Petreius, Accius, Varus avoit son
camp, contre lequel il eut un combat de cavalerie avantageux. Néanmoins sur quelques discours qu'un S.
Quintilius Varus tint aux soldats de
Curio, il s'engendra parmi eux une
terreur panique, laquelle appaisée
par une harangue qu'il fit à ses soldats, il alla présenter la bataille, où

il battit encore Varus, & le contraignit de se retirer dans Utique,
où (avec la mauvaise volonté que
les habitans d'icelle lui portoient)
il le pressoit fort, quand il entendit
que le roi Juba venoit à son secours;
ce qui fit retirer Curio dans son camp,
& résoudre d'y attendre le reste de
son armée qu'il avoit en Sicile. Mais
un mauvais avis qu'il eut que le roi
Juba venoit en personne, & qu'il
envoyoit seulement un foible secours sous la charge de Saburra, lui
fit changer cette bonne résolution.
Donc enflé de sa premiére victoire,
& plus exercé à haranguer le peuple
Romain, qu'à commander des armées, va jour & nuit au-devant de
ce secours. Sa cavalerie rencontre la
nuit partie de celle des Numides, &
la bat. Ce succès l'échauffe encore davantage ; si bien qu'il marche comme s'il eût poursuivi une victoire.
Mais ainsi las & en désordre, il ren-

contre une armée complette & fraî-
che qui le défait : ce qu'il sçût faire
de mieux fut, qu'il voulut expier par
sa mort sa témérité. Et ainsi mourut
meilleur soldat, que bon Capitaine.

REMARQUES.

C'EST une maxime tenue de tous, & négligée
de beaucoup, que durant les tréves il faut faire
meilleure garde que jamais. Nous en avons ici un
exemple notable : Trebonius avec un merveilleux
travail avoit réduit les Marseillois aux abois, quand
durant une tréve qu'il leur avoit accordée par pitié, ses soldats négligérent tellement leurs gardes,
qu'ils les conviérent de la rompre, & il vit brûler
en une heure tout son travail de plusieurs mois. Ce
qui nous doit apprendre de ne relâcher jamais à la
guerre la sévérité de la discipline militaire. Quoique les soldats s'en fâchent, il faut plutôt les contenter par toute autre sorte de voie que par celle-
là ; & quand ils verront leurs Capitaines partager
avec eux les périls & fatigues de la guerre, ils les
supportent gaiement. Car il se lit bien que par
l'observation exacte de la discipline militaire, plusieurs Capitaines ont surmonté de grandes difficultés, & ont acquis de glorieuses victoires : & que
plusieurs autres pour l'avoir méprisée, ont été honteusement défaits : mais il ne s'est jamais lû que
l'observation d'icelle ait été cause de la perte d'u-
ne bataille, ou de la ruine d'une entreprise.

Un grand courage sans expérience est plus capable de faire une grande faute à la guerre, qu'un

médiocre. Car le premier ordinairement est accompagné de préfomption , & plus incapable de confeil que l'autre : fur-tout quand il a commencé fes premiéres armes par quelque heureux fuccès. Curion en eft un bel exemple. De Tribun du peuple, il fe voit Général d'armée : auffi fit-il diverfes fautes, & remarquables. Car après avoir eu ce bonheur de battre fes ennemis, de les renfermer dans Utique, & fur la nouvelle de la venue du Roi Juba , avoir pris une bonne réfolution de fe retirer dans fon camp , qui étoit au bord de la mer bien fortifié & bien muni , pour y attendre le refte de fon armée. Sur le premier avis qu'on lui porte que le fecours eft foible, & que Juba n'y eft pas en perfonne , fans en attendre la confirmation , ní vouloir le confidérer , ni croire perfonne , il quitte fa première réfolution, va pour le combattre, après que fa cavalerie eût rencontré quelque partie de celle de Juba dont on lui mena des prifonniers , il demande qui les commandoit , & fur ce qu'ils lui répondirent que c'étoit Saburra, il préfuppofe que Juba n'y étoit point. Par ainfi il fe confirme en fa première erreur , & marche fi vîte & fi loin, qu'il fe trouve à vingt-cinq milles de fon camp, en un pays qu'il ne connoiffoit point, avec une partie des fiens , (l'autre n'ayant pû fuivre) fort haraffés & en défordre, qui fut caufe que Juba en eut bon marché. Ce qui fait connoître que ni le grand courage tout feul ne fait pas un grand Capitaine, (quoiqu'il y aide) ni la lecture des livres , ni le bien dire. Mais qu'il faut une longue expérience , & avoir vû des déroutes, auffi bien que victoires. Car qui ne s'y eft trouvé ne fçauroit s'imaginer ce que c'eft , les plus braves foldats y faifant quelquefois les plus lâches actions : comme il arriva ici, où encore que le réfidu de cette armée fe fût retiré dans un camp bien fortifié & point attaqué, ils s'embar-

quent avec tant de confuſion & déſordre, qu'il s'en
noya une bonne partie. C'eſt pourquoi je conclus
qu'il vaut mieux n'aller pas ſi vîte, & ſçavoir où
l'on va, que d'être obligé de fuir honteuſement,
ou de périr.

LIVRE III.

CESAR étant élû Dictateur,
pourvoit aux affaires de la ville
de Rome : ſe fait publier Conſul avec
P. Servilius : ſe démet de la Dictature au bout de onze jours, & après
va s'embarquer à Brunduſium, où
il avoit envoyé ſept légions l'attendre. Mais il ne s'y trouva de vaiſſeaux
pour la moitié de ſon armée, ſi bien
qu'il fut contraint de paſſer avec
quinze mille hommes de pied & cinq
cens chevaux, laiſſant M. Antoine
avec le reſte, auquel il promit de
renvoyer les vaiſſeaux. Pompée qui
avoit eu toute l'année à ſe préparer,
avoit fait un grand amas d'hommes,
de vivres & de vaiſſeaux : tellement

que César passa avec peine & péril, & renvoya aussi-tôt ses vaisseaux à Antoine. Mais Bibulus, Chef de toutes les armées de mer de Pompée, en prit une trentaine qu'il brûle, & fit mourir tous les mariniers, afin d'ôter aux autres le courage d'entreprendre ce passage, & s'opiniâtra tellement, nonobstant l'hyver, qu'il empêcha Antoine de passer. En même temps M. Octavius, Lieutenant de Pompée, assiége Salones en Dalmatie, qui se défend si courageusement, que sans assistance de personne elle lui fait lever le siége, & par une sortie le chasse honteusement de là, d'où il se retira auprès de Pompée à Durazzo. D'autre part César s'étant emparé de diverses villes le long du rivage, l'empêchoit aussi de se rafraîchir. Enfin Bibulus meurt, & la mer n'étant pas si exactement gardée, Antoine la passe, où les vents favorisent tellement la bonne

fortune de Céfar, qu'ils changérent
à point nommé pour mettre fon armée en sûreté, & faire périr celle
qui la pourfuivoit. Cette nouvelle
étant arrivée à lui & à Pompée en
même temps, pource qu'ils étoient
campés l'un devant l'autre, l'un part
pour aller joindre Antoine, ce qu'il
fit, & l'autre pour le combattre, ce
que n'ayant pû faire, il retourne fe
camper à Afparagne, des apparte-
nances de Durazzo, & mande à Scipion qu'il le vienne joindre avec fon
armée. Céfar voyant que la guerre
alloit en longueur, envoie partie de
la fienne en Macédoine & en Thef-
falie, pour faire amas de bleds : pource que la mer étant en pouvoir de
Pompée, il ne pouvoit en recouvrer
du côté d'Italie. Mais le paffage de
Scipion fe rencontrant fortuitement
en même temps, il penfa tailler en
piéces L. C. Longinus avec une légion de Céfar ; ce qu'il eût fait, fi M.

Favonius, qu'il avoit laiſſé à la garde de ſon bagage avec huit cohortes, ne lui eût mandé que s'il ne le
ſecouroit promptement, Domitius le
venoit enlever. Par ainſi il déſiſta
de ſon entrepriſe, & arriva fort à
propos pour Favonius. En même
temps le jeune Pompée ayant ſçû que
Céſar renvoyant pour la troiſiéme
fois ſes vaiſſeaux à Brunduſium, en
avoit laiſſé quelques-uns à Oricum,
ſous la charge de Cavinius, avec
trois cohortes; il les vint attaquer,
& les prit ou brûla tous. Cela fait,
Céſar ſe va camper entre Durazzo
& le camp de Pompée, pour lui empêcher la commodité de Durazzo.
Mais Pompée ſe campa en un lieu
nommé la Pierre, ſur le bord de la
mer, où il y a un petit port; tellement que par le moyen de ſes vaiſſeaux il en retire les mêmes commodités. Lors Céſar tâche de l'enclore
de tranchées, & Pompée par d'au-

tres tranchées s'élargit tant qu'il peut, & se sentant le plus fort de gens, attaque ses retranchemens, & en deux combats eut de l'avantage, & le pensa défaire. César ne pouvant plus demeurer là, se retire vers Apollonie & Oricum, où ayant fait faire montre à son armée, & donné ordre à ces deux places, il passe en Thessalie pour joindre l'armée de Domitius. Pompée le suit, qui joignit aussi celle de Scipion. Ces deux armées, (d'où dépendoit la décision de tout l'Empire Romain) se campérent l'une devant l'autre. César cherchoit les combats, & Pompée les évitoit. Enfin il se laissa vaincre premiérement aux médisances des siens, & puis à la valeur de César, qui le poursuivit si vivement après la victoire de la bataille de Pharsale, qui ne lui donna loisir de faire aucun ralliement ; arrivant en Egypte presque aussi-tôt que lui, où le roi Prolomée violant le droit d'hospitalité, & oubliant les bienfaits que son pere avoit reçûs de Pompée, le fit tuer, pensant par ce méchant acte acquérir grace envers le vainqueur, qui le vengea, comme nous le verrons au livre suivant. En ce même temps, Cassius, Chef d'armée de Surie, Phœnicie & Sicile, met le feu aux vaisseaux que Pomponius gardoit au port de Messine ; & Lelio prit une petite isle devant le port de Brundusium ; comme Libeo avoit fait une autre fois. Mais la nouvelle de la défaite de Pompée rompit tous les desseins de ses Lieutenans.

Remarques.

SI la clémence & la libéralité de César est tant commandée en tout le cours de sa vie, il semble qu'en cette guerre civile il se soit surmonté lui-même. Ne vouloir défaire des armées toutes entiéres en Espagne de vive force : & les ayant réduites à se remettre à sa miséricorde, les laisser aller avec leurs Chefs, sans les obliger à ne lui plus faire la guerre : payer la solde de ses ennemis, tandis qu'il emprunte l'argent de ses Capitaines pour payer les siens : rendre tout d'un coup à Domitius Enobarbus cent cinquante mille écus, que Pompée lui avoit baillé du trésor public , pour lui faire la guerre : lâcher tous les prisonniers qu'il prenoit sans rançon, & même leur faire rendre tout ce qui leur appartenoit, lorsque Bibulus , Labienus, & autres, lui faisoient massacrer tout autant de ses soldats qu'ils lui prenoient , sont actions que je remarque plus pour admirer , que pour pouvoir être imitées: sur-tout en un siécle où la pratique est bien contraire à cette générosité , & même à ce qu'il avoit exercé en Gaule , où quelquefois il a usé de grandes sévérités. Donc recherchant les raisons qui l'ont mû à cette clémence aveugle , & qui sembloit être cruelle aux siens , je juge qu'il faut distinguer les desseins. En Gaule il y étoit conquérant, de façon que quand on abusoit de sa premiére & naturelle clémence , il usoit de sévérité pour retenir par crainte ceux que sa douceur n'avoit pû fléchir. Ici est une guerre civile , en laquelle sous le prétexte de maintenir la liberté du peuple , il veut assujettir & le peuple , & le Sénat. Pour cet effet, il dispose toutes passions pour venir à bout de son dessein ; tant plus ses ennemis sont cruels envers lui , moins il s'anime contre eux : si bien que ceux qui lui font la guerre, ne le craignant qu'aux combats , & ne désespérant point le pardon , ils se fléchissent plus aisément au premier revers de fortune qui leur vient. Il n'en est de même d'une guerre civile, qu'on ne fait que pour la défense de personne, ou de sa religion : car lors n'ayant point de dessein de vous emparer de l'Etat , vous êtes obligé de repousser la cruauté par la cruauté , autrement vous ne trouveriez aucun partisan : mais quand vous combattez pour la domination, il faut pour y parvenir vous montrer tel, qu'on n'appréhende en vous, ni la vengeance , ni la cruauté, &

qu'on y croie une grande libéralité & toutes autres sortes de vertus : car l'on ne souhaite jamais
un changement de condition que pour améliorer
la sienne. Ainsi avec cette résolution libérale &
clémence, ne retenant sa Dictature que quinze
jours, ne faisant rien que par l'ordre ordinaire,
comme le Protecteur de la République, justifiant
toujours ses actions, se montrant d'autant plus affectionné à la paix, que Pompée s'en éloignoit, afin
d'indigner ses citoyens & soldats contre lui, & faisant encore mieux la guerre, il est venu à bout du
plus haut & glorieux dessein que jamais homme
ait entrepris.

César ayant joint toutes ses forces, il tâche de
combattre Pompée, & ne le pouvant attirer à la
bataille il entreprend un haut dessein, à sçavoir de
l'assiéger dans son camp, encore qu'il fût plus foible que lui. Ce fut proche de Durazzo, où il se
met à l'enclore de tranchées, se servant de l'avantage de petites collines de difficile accès, (lesquelles, à mon avis, l'induisirent à ce dessein) : les raisons qu'il allégue sont, qu'étant foible de cavalerie, & ayant faute de bleds, il ne pouvoit en recouvrer ; si celle de Pompée étoit libre, à laquelle
encore il empêchoit la commodité du fourage, &
la rendoit inutile à toutes les factions de la guerre.
Plus, que c'étoit diminuer la réputation de Pompée par tout l'Empire, & accroître la sienne, quand
on diroit que César le tenoit assiégé, & qu'il ne
l'osoit combattre ; ce qui étoit de grande utilité,
pource qu'on se tourne d'ordinaire du côté du plus
fort. D'autre part, Pompée ne voulant quitter le
bord de la mer, ni Durazzo, où il avoit fait son
arsenal & magazin, se résout d'y subsister ; &
voyant que sa cavalerie pourroit trop pâtir si elle
ne retournoit au fourage, il fait de son côté une
enceinte de tranchées de quinze milles de tour.

Ainsi les deux Capitaines n'oublient rien pour faire réussir leurs desseins. Enfin Pompée recevant de l'incommodité de se voir ainsi reserré, attaque un des bouts des retranchemens de César, où il eut tel avantage en deux combats qui se firent en un même jour, que César confessa que s'il eût sçû suivre sa victoire, il le défaisoit. Ceci nous fait voir de quelle utilité sont les retranchemens, & comme quoi par le moyen d'iceux on le peut empêcher de combattre contre une armée qu'on appréhende ; qu'on en peut rassûrer une épouvantée, & qu'on en peut réduire à la faim une plus puissante que la vôtre : car la science de la guerre consiste principalement à ne combattre que quand on veut ; & pour cet effet, faut donner bon ordre aux vivres, bien exercer les soldats au manîment de leurs armes, & à l'observation de tous ordres, & sçavoir bien faire ses retranchemens ; & si César eût eu affaire à un autre homme que Pompée, qui dès le commencement se fût laissé resserrer, il eût ruiné son armée, ou il l'eût contraint de combattre.

César jugeant bien ne pouvoir plus tenir Pompée à l'étroit, ni demeurer auprès de lui sans une grande incommodité pour ses vivres, il entreprend de faire une retraite longue, & de plusieurs jours. Pour cet effet, il fait partir dès le soir tout le bagage avec une légion, & sur la minuit tout le reste de son armée, hormis deux légions & sa cavalerie, avec quoi il part dès la pointe du jour. Pompée le suit en toute diligence, le trouvant logé où il avoit d'autre fois campé, se loge aussi dans son vieux camp auprès de lui ; mais sur ce que César fait semblant d'envoyer sa cavalerie au fourage, (la faisant rentrer secrétement dans son camp) Pompée y envoie la sienne tout de bon, & même la plûpart de ses soldats étant retournés chercher du bagage qu'ils avoient laissé en leurs premiers logemens ; il part subitement au même ordre du jour précédent. Si bien que Pompée ne le pouvant suivre pour lors , & l'autre marchant à grandes journées , toujours au même ordre , il lui fut impossible de le joindre ; & au bout de quatre jours désista de le poursuivre. C'est ici une belle leçon pour faire connoître combien sont dangereuses les retraites d'armée à vûe d'ennemi , & outre quoi, il faut éviter de combattre en se retirant , & quel ordre il faut donner pour n'être embarrassé du bagage , & comme quoi une retraite se fait mieux avec une partie de l'armée , qu'avec l'armée toute entiére. Car si César a appréhendé de se retirer à la vûe de Pompée avec une armée si aguerrie , si accoutumée à vaincre, étant redoutée de Pompée même ; que doivent faire les Capitaines d'aujourd'hui , qui commandent les armées nouvellement levées, sans ordre, sans obéissance, pleines de bagages, dont les soldats ne sçavent manier leurs armes , ni même les Capitaines le leur montrer ? Et néanmoins penseroient blesser leur honneur s'ils se retiroient en cachette : certes la présomption & l'ignorance sont deux mauvaises conseilléres à la guerre.

En la bataille de Pharsale, Pompée étoit au double plus fort que César , sur tout en cavalerie , sur laquelle il fondoit principalement sa victoire. Mais il n'avoit une armée si aguerrie , ni si accoutumée au combat que celle de César, si bien qu'appréhendant qu'en allant à la charge ils ne rompissent leur ordre, il commanda qu'on attendît le choc de l'armée ennemie, sans que personne bougeât de sa place. César n'approuvant cet avis , commanda aux siens d'attaquer le combat , alléguant que cela excite le courage des soldats de bien faire , léquel il faut plûtôt accroître que diminuer , n'improuvant

l'usage

l'ufage ancien, de commencer le combat avec un cri général : & l'expérience nous apprend , qu'en toutes actions de guerre, celui qui attaque redouble fon courage , & celui qui eft attaqué a de la crainte.

Quant à l'ordre de bataille de Pompée, ayant à fa droite un ruifteau, met toute fa cavalerie à gauche ; fe promettant qu'après avoir renverfé celle de Céfar, elle enclouroit fon armée. Céfar jugeant fa cavalerie n'être affez forte pour réfifter à celle de Pompée , il la renforce de foldats difpos, qu'il mêle parmi elle ; outre cela il prend de chacun de fes bataillons une troupe , dont il en compofa un pour la foutenir , qu'il met hors du rang des trois ordres de l'infanterie, & leur commande de n'aller au combat que quand il leur dira : tellement que quand la cavalerie de Pompée eût pouffé celle de Céfar, (ce qu'elle ne pouvoit faire fans fe mettre en défordre) elle rencontre ce bataillon qui l'arrête tout court : puis lui fait tourner le dos , & abandonner tout-à-fait l'aîle gauche de l'armée de Pompée , par où Céfar pourfuivant fa pointe, mit aifément tout le refte en défordre. Sur quoi nous obferverons deux chofes: l'une , qu'il ne faut jamais hazarder toutes fes troupes en un feul choc, mais faire foutenir les unes par les autres : & l'autre , qu'il faut obferver fi bien les diftances tant à côté qu'en arriére , que les premiéres troupes venaut à être renverfées , ne puiffent renverfer celles qui les doivent foutenir , leur laiffant efpace convenable pour paffer & pour fe rallier derriére.

Si Céfar a fçû vaincre , il a encore mieux fçû pourfuivre fa victoire , & s'en prévaloir. Mais jamais à l'égal de celle de Pharfale,où il ne s'eft pas contenté de forcer le camp , ni d'affiéger en une montagne le refte de l'armée qui s'y étoit retirée , ni de pourfuivre la perfonne de Pompée quelques

H

journées. Car avec trois ou quatre mille hommes
seulement il a suivi sa piste par mer & par terre,
jusqu'à ce qu'il le trouva mort en Egypte, où il
arriva quasi aussi-tôt que lui, ne lui ayant jamais
voulu donner loisir de se reconnoître, ni de faire
aucun ralliment. C'est pour nous apprendre de
nous servir de l'occasion quand elle s'offre favorable à nous, & de ne remettre à une autre fois ce
qu'on peut exécuter présentement. Car les choses
du monde sont sujettes à de grandes révolutions :
& les affaires qu'eut encore César depuis la mort
de Pompée, font assez juger, que si, à l'imitation
de plusieurs grands personnages, il eût voulu
cueillir les fruits de sa victoire avant qu'ils fussent
mûrs, & goûter le repos avant qu'il fût assûré, il
eût pû s'en repentir.

DE LA GUERRE
ALEXANDRINE,

Ecrite par Aulus Hircius, ou Opius.

LIVRE IV.

CESAR arrivé qu'il fut en Alexandrie avec trois mille deux
cens hommes de pied, huit cens chevaux, dix galères Rhodiennes, &
quelques navires d'Asie, il apprit la
mort de Pompée : & sur la mauvaise

intelligence qu'il apperçut entre ses soldats, & le peuple de la ville, il envoya chercher de nouvelles légions en Asie. Cependant il voulut connoître du testament du feu roi Ptolomée, qui en avoit fait exécuteur le peuple Romain; & pour cet effet, ordonna que Ptolomée le fils aîné, & Cleopatra la fille aînée, licentieroient leur armée, & le viendroient trouver pour lui faire entendre leurs droits. Mais le Conseil de Ptolomée n'approuva ce moyen d'accommodement, & sous main fit venir ses troupes, qui étoient à Pelusium sous la conduite d'Achillas. De quoi César averti, & que le Roi même étoit d'intelligence avec ledit Achillas, il le retint, & se prépare à se défendre. Il les repousse d'abord, puis se cantonne dedans une partie de la ville, & les autres dans l'autre. Arsinoé, seconde sœur du Roi, fait tuer Achillas, met en sa place Ganymédes, qui s'empare de l'autorité, & continuant le premier deſſein, met Céſar en de grandes extrêmités, & lui gâte les eaux douces, à quoi il remédia promptement, faiſant quantité de puits. Il fait auſſi venir gens de guerre, navires & armes de toutes parts ; & ſur la nouvelle qu'il eut que la trente-ſeptiéme légion, avec grande proviſion de vivres & d'armes, étoit arrivée ès bords d'Afrique, mais qu'elle ne le pouvoit joindre à cauſe du vent contraire ; il ſe jette ſeul dans un navire, prend tous ſes vaiſſeaux avec les mariniers ſeulement, & va au-devant. Les ennemis le ſçachant ſans ſoldats, l'attaquent. Il les bat, & ſans autre ſecours joint ſa légion, retourne en Alexandrie. Ce premier combat étonne les Alexandrins ; néanmoins ils font leur armée navale meilleure que jamais, laquelle Céſar défait une ſeconde fois, où Euphranius, Capitaine des galères Rhodiennes, ſe ſignala fort. Il y a devant le port d'Alexandrie une iſle bâtie & habitée, qui le couvre, & eſt attachée à la ville par le Mole, qui a neuf cens pas de long, & ſoixante de large, ſur lequel il y avoit deux forts. Céſar juge néceſſaire de prendre cette iſle, afin d'avoir la mer libre. Il la force, puis prend un des forts du Mole. Au ſecond il y eut grand combat, & y eſt repouſſé avec ſi grand déſordre, que ne pouvant empêcher ſes ſoldats de ſe jetter dans un vaiſſeau, il ſe ſauva à la nage avant qu'il pérît. Les Alexandrins étonnés de ces combats, recourent aux ruſes, demandent à Céſar leur Roi, il le leur rend, eſpérant que ce ſeroit le moyen de faciliter un accord. Sur ces entrefaites, Mithridate, Pergaménien, grand de nobleſſe, bon homme de guerre, fort valeureux, & très-fidéle à Céſar, il arrive à ſon ſecours avec de belles forces : prend en paſſant Pelufium, & vient pour paffer le Nil en un lieu qui s'appelle Delta. De quoi Ptolomée étant averti, va en perfonne pour s'y oppofer, & Céfar de fon côté au fecours de Mithridate, qui avant l'arrivée de l'un & de l'autre, avoit déja battu en une rencontre les gens de Ptolomée. Et Céfar auffi, avant de joindre Mithridate, en défait d'autres; après quoi il va attaquer un petit fort entre fon camp & celui de Ptolomée, qu'il emporte, & le lendemain attaque le camp, qu'il force, & le Roi fe voulant fauver par eau, fe noie : puis retournant victorieux en Alexandrie, tout lui fait joug. Cependant les provinces de l'Empire ne demeurent pas en repos. Domitius Calvinus, Lieutenant de Céfar, fut défait par Farnaces, qui s'empara du royaume de Pont. En Illyrie, Gabinus, Lieutenant de Céfar, fut défait & mourut à Salone. Et Octavius du parti de Pompée, penſant s'emparer de cette province, trouva Cornificius qui s'y oppoſa : comme auſſi Vatinius, lequel trouvant à Brunduſium & apprenant ces nouvelles, ſe met en mer, rencontre Octavius, lui donne la bataille, & le défait. En Eſpagne Caſſius Longinus, que Céſar y avoit laiſſé, ſe fait haïr par ſon avarice, tant de ceux du pays, que de ſon armée : on conjure contre lui, on le bleſſe, & croyant qu'il fût mort, chacun découvre ſa joie. Mais étant guéri, il chàtie rigoureuſement les conjurés : néanmoins cela n'empêcha pas la révolte dans ſon armée, & comme il penſa y aller remédier d'un côté, ils font le ſemblable de l'autre ; & tous enſemble éliſent pour chef Marcellus, qui vint ſe camper au-deſſous de Cordoue, qui lui étoit favorable. Longinus envoie demander ſecours au roi Bogude, lequel lui envoie un grand renfort ; néanmoins Marcellus se maintient sans combattre : & Lepidus venant avec de nouvelles forces pour tâcher à les accorder, Longinus s'en défie, & s'éloigne d'eux; mais sur l'approche de Trebonius son successeur au gouvernement, il s'embarque pour aller en Afrique où César l'avoit destiné, & se noie à l'embouchure du fleuve Iberus. Revenons à César. Encore qu'il fût pressé d'aller à Rome, il veut premiérement venger la défaite de Domitius. Il part d'Egypte avec la sixiéme légion seulement, laissant le reste de son armée à la garde du royaume, & avec ce qu'il ramasse en Asie, il donne la bataille à Farnaces, le défait, lui ôte ce qu'il avoit occupé, & donne le royaume de Bosphore à Mithridate, Pergaménien, pour la récompense du bon service qu'il lui avoit rendu en la guerre Alexandrine : puis triomphant de tant de victoires, retourne à Rome.

REMARQUES.

REMARQUES.

DE toutes les guerres que César a faites, je n'en trouve point une moins néceſſaire, plus dangereuſe, & où il y ait apporté moins de prévoyance qu'en celle-ci. Car ayant appris en Alexandrie la mort de Pompée, s'y arrêter avec trois ou quatre mille hommes, & en cet état vouloir obliger un jeune Roi de reſtituer une partie de ſon royaume en faveur de ſa ſœur Cleopatra ; c'eſt bien ſe fier en ſa bonne fortune, ou être bien amoureux. Mais comme ce commencement n'eſt digne de ſa prudence ordinaire ; auſſi les progrès & la fin ſurpaſſent toutes ſes autres actions ; & il ſemble qu'il n'ait ici fait des fautes que pour illuſtrer davantage ſa vertu. Ceci a été une guerre ſans régle ; il lui a fallu défendre les carrefours des rues, & s'y barricader ; diſputer une moitié de ville contre l'autre, remédier aux accidens imprévûs ; raſſûrer ſes gens, combattre une armée navale ſans ſoldats, & la vaincre : & comme s'il fût tombé dans un autre monde, faire une guerre à une nouvelle mode. Ce qui montre en lui qu'il excelloit en trois choſes principalement, à ſçavoir, qu'il ne perdoit jamais l'eſpérance, qu'il avoit une grande expérience, & qu'il ne ſe confondoit point en ſes commandemens. Cette guerre finie, il va contre Farnaces, où nous remarquerons ſeulement deux choſes : la premiére, qu'encore qu'il cherchât de finir promptement cette guerre, pource qu'il avoit affaire ailleurs : il ne va l'attaquer à l'étourdie, mais il commence toujours par ſe camper fortement : puis ayant laiſſé ſon bagage en ſûreté, il va avec toute ſon armée pour faire un autre camp proche de lui, laiſſant entre deux une grande vallée, afin que s'il vouloit l'empêcher de ſe fortifier là, &

I

l'attaquer, il ne pût venir à lui fans un grand défavantage. L'autre eft, pour montrer l'avantage qu'a celui qui attaque : car Céfar remarque lui-même, qu'encore que Farnaces le vint attaquer témérairement, néanmoins que fes foldats en eurent l'appréhenfion, & d'abord fe mirent en quelque défordre. C'eft pour confirmer, que celui qui attaque a un grand avantage, & qu'il n'y a rien plus néceffaire à la guerre que les retranchemens.

DE LA GUERRE
D'AFRIQUE,

Ecrite par Aulus Hircius, ou Opius.

LIVRE V.

LE débris du parti de Pompée s'étant rallié en Afrique fous Scipion, Caton & le roi Juba ; Céfar y va au mois de Décembre, & n'y arrive du commencement qu'avec trois mille hommes feulement, & quelque peu de cavalerie ; il fe préfente devant Adrumette. Mais Confidius qui le voit fi foible, tient bon, & Céfar fe retirant eft attaqué par ceux qui

sortent de la place , & par la cavalerie venue au secours d'icelle , qu'il
repousse : où il est remarqué que trente chevaux François font reculer
plus de deux mille Mores. La renommée de sa venue lui ouvrit les
portes de plusieurs villes & châteaux
qui lui fournirent de vivres. Il choisit l'assiette de Ruspine pour y asseoir
son camp, & y attendre le reste de
son armée; mais l'impatience le prend.
Il va au port , s'embarque dans un
navire pour l'aller chercher. Et comme il pensoit faire voile , il en arrive
une bonne partie. Après cela il va
avec trente cohortes chercher du
bled : il rencontre en son chemin Labienus , avec lequel il eut grand combat , où il eut avantage, & ainsi il
se retira dans son camp , qu'il fortifia plus que jamais, à cause qu'il se
sentoit foible : il tira deux tranchées
de la ville au port pour s'en bien
assûrer ; puis il dépêcha en Sicile.

Sardaigne & Italie, pour avoir renfort de gens & de bled. D'autre côté Scipion & Caton, qui le vouloient combattre avant qu'il se fortifiât davantage, hâtent Juba de venir avec son armée, mais s'y acheminant il est contraint de rebrousser son chemin, sur ce que P. Sitius, Lieutenant de César, & le roi Bogud attaquent son royaume. Cependant Labienus joint Scipion ; ils se viennent camper proche de César, chacun essaie de prendre ses avantages ; & se passa divers combats & escarmouches, sans que pourtant on hazardât la bataille. Les nécessités de César croissoient de jour en jour ; il les supporte avec grande constance, & ne soutient l'espérance des siens que par sa bonne mine. Il dépêche de nouveau pour hâter ses troupes & ses vivres. Quelques-uns de ses navires font naufrage ; & ayant même appris qu'on poursuivoit de ses vais-

feaux jufques dans le port de Leptis,
il y court à bride abbattue, fe jette
dans un vaiffeau, & avec ce qu'il
peut ramaffer là, va foutenir fes
gens ; chaffe les ennemis, prend de
leurs vaiffeaux, & recouvre des fiens
qui avoient été pris. Enfin fes troupes lui viennent de divers endroits.
Il commence par la purgation, qu'il
fait dans fon armée, de quelques
féditieux & libertins : puis fe réfout
à un combat définitif. Pour cet effet
il va fe camper devant Tapfe, qu'il
entoure de tranchées, fe doutant
bien que Scipion la viendroit fecourir : lequel ayant fait revenir le roi
Juba, ils fe viennent camper auprès
de Céfar en trois camps. Là fe donna la bataille que Céfar gagna, ne
perdant que cinquante foldats, &
peu de bleffés. Il y en eut de morts
dix mille de l'autre côté, & les trois
camps pris. Tapfe au bruit de cette
victoire, fe rend à C. Rebilius. Caton

voyant qu'on ne se vouloit résoudre à se défendre, se tue. Utique ouvre ses portes aux victorieux ; Adrumette fait le semblable : Zama ferme les siennes à son roi vaincu, & y appelle César. Tout le reste du royaume de Juba se révolte, lui & Petreius s'entretuent de désespoir. Sitius ayant défait & tué Saburra, Lieutenant de Juba, & venant trouver César, rencontre Affranius & Faustus Silla, qui prenoient les chemins d'Espagne, les défait & prend, puis à une émeute tous deux sont tués. Scipion & plusieurs Sénateurs s'étant embarqués pour passer en Espagne, la tempête les jette dans la flotte de Sitius, où tous périrent, ou se tuérent. Voilà la suite qu'eut cette bataille, où toutes choses conspirérent à l'envi pour applanir le chemin à l'entiére victoire de César, qui pardonna à tous ceux qui recoururent à sa clémence ; puis s'en retourna à Rome.

REMARQUES.

CESAR a fait trois actions en cette guerre, qui
approchent de la témérité. La première, de passer
en Afrique au cœur de l'Hyver avec peu de gens,
n'ayant aucun port assûré, & à cette cause ne pouvant donner nul rendez-vous à ses navires ; ce qui
même lui fut imputé à imprévoyance. Néanmoins
après son passage, sa façon de procéder est du tout
admirable. Il choisit de se camper devant la ville
de Ruspine, qui étoit à demie lieue du port, lequel il conjoint avec la ville & son camp, qu'il
fortifie très-bien : car de-là il avoit un pied en
terre, & l'autre sur la mer, afin que selon les occasions il pût agir par mer ou par terre, & qu'en
tout cas il ne se trouvât enfermé. C'est une belle
leçon à ceux qui entreprennent sur quelque pays,
étant foibles du commencement : car en cette po-
sture on peut soutenir de grands efforts, ou en
toute extrémité se retirer. La seconde, de laisser
son armée auprès de Ruspine, & sans en avertir
personne, se jetter dans un navire pour aller chercher ses vaisseaux. Et la troisiéme, ayant nouvelle
de la déroute de sa flotte, de quitter son camp, s'en
aller à bride abbattue à Leptis, se jetter dans un
vaisseau, en rallier d'autres, & attaquer les ennemis. Et encore qu'il ne soit péri en aucunes d'i-
celles, on n'en peut dire autre chose, sinon qu'il
se fioit tout-à-fait à sa bonne fortune, & qu'il ne
s'est jamais lassé, ni rebuté des desseins hazardeux
& pénibles. Est remarquable que César en toutes
les guerres qu'il a faites, a été toujours inférieur
en nombre à ses ennemis. C'est pourquoi il s'est
toujours servi, & plus que nul autre n'a jamais fait,
des fortifications : lesquelles il faisoit beaucoup
meilleures, quand il ne se sentoit en état de don-

ner bataille , comme il fut long-temps en Afrique ; tellement que Scipion même s'étonnoit de cette froideur. Néanmoins il entretenoit toujours ses soldats en exercice , & lui-même dreſſoit les nouveaux, & tâchoit de les mettre en curée par de petits combats, où par son induſtrie il avoit le plus souvent du meilleur, & toujours entreprenoit sur son ennemi , qui eſt une maxime excellente pour donner le cœur aux siens, & même pour se garentir de surprise.

DE LA GUERRE
D'ESPAGNE

Contre les enfans de Pompée.

LIVRE VI.

LEs reliques des troupes d'Afrique , se raſſemblent encore en Eſpagne sous Cneus & Sextus, enfans de Pompée: César y va : il trouve l'un qui aſſiége Ulla , & l'autre qui étoit dans Cordoue : jette du secours dans la premiére, & se va camper devant l'autre. Ce qui oblige Cneus de lever le siége pour secourir son frere. Il se passe entre les deux armées quelques escarmouches : mais César ne pouvant attirer son ennemi en bataille, va assiéger Attequa, & après une bonne résistance la prend à la vûe de Cneus. Depuis les deux armées s'entrecôtoyérent, & firent divers combats de peu d'utilité. Enfin ils se campérent en une campagne proche de Munde, en résolution l'un & l'autre, de ne refuser la bataille. Néanmoins Cneus prend un champ de bataille relevé & avantageux, où César faisant difficulté de l'attaquer, la fureur de ses soldats l'emporta. Le combat fut grand & douteux, selon sa confession même ; & à toute peine il gagna la bataille qui fut sanglante. Trente mille hommes de la part de Pompée y demeurérent morts, & mille de celle de César. Ceux qui se sauvérent dans Munde, furent contraints de se rendre. Sextus Pompée abandonne Cor-

doue, Cneus est vivement poursuivi, atteint & tué. Toutes les villes
se rendent au victorieux. Ce fut la
derniere bataille que donna César,
& le coup mortel du parti de Pompée.

ORDRE MILITAIRE
DES GRECS.

Et particuliérement de leur Phalange.

L'ORDRE des Grecs se trouve assez obscurément dans leurs Auteurs, pource que la plûpart des livres qu'ils en ont écrit sont perdus, & ne nous en reste que des morceaux : si bien qu'il est difficile de le pouvoir recueillir bien exactement. Voici comme se formoit la Phalange.

PHALANGE DES GRECS.

G LOGO, signifie deux hommes de front, & plusieurs joints ensemble font un rang, & le mot de Glogo se prend souvent pour un rang.

Verso, signifie deux hommes, l'un

derriére l'autre ; plusieurs, les uns derriére les autres, font la file.

Locho, signifie la file, laquelle les Grecs ont fait de diverses hauteurs, mais n'ont jamais passé le nombre de seize ; comme celui qui étoit suffisant à soutenir tous grands efforts, estimant que donner plus de profondeur à leur Phalange, étoit employer des hommes inutilement, & qu'il valoit mieux étendre la bataille en longueur, pour s'empêcher d'être attaqués par les flancs, ou bien pour y attaquer les ennemis, que de donner tant de profondeur à leur Phalange.

La *Phalange* n'étoit composée que d'Oplites, c'est-à-dire, pesamment armés, avec les Sariffes, (ou longues piques) & leurs boucliers ; car les Archers, tireurs de frondes, & autres à lancer armes, avoient leur ordonnance à part.

A un *Locho*, ou une file de seize

foldats, il y en avoit cinq de commandement ; à fçavoir, le premier, le cinquiéme, le neuviéme, le treiziéme & le feiziéme, comme nous verrons par cette figure ci-deffous, & leurs noms.

PREMIE'RE FIGURE.

Locago . . . . . . o . . . . *Chef de file.*
1. *Eno marche* . . o . . .
2. *Eno marche* . . o . .*Chef de demie file.*
3. *Eno marche* . . o
Urago . . . . . o . . . . *Serre-file.*

Ils mettoient le plus vaillant pour être Chef de file, & le plus prudent pour être Serre-file.

Or pour commencer l'Ordonnance, ils joignoient deux files l'une contre l'autre, qui faifoient trente-deux foldats; & les deux files enfemble fe nommoient *Dilochie*, & le Chef des deux files fe nommoit *Dilochite.*

Après on doubloit les deux files, qui faifoient quatre files, & foixante-quatre foldats ; & cette troupe s'appelloit *Tétrarchie*, laquelle avoit un Chef qui fe nommoit *Tétrarque*.

Après on doubloit les quatre files, qui faifoient huit, & cent vingt-huit foldats; & ce corps s'appelloit *Taxiarchie*, & fon Chef *Taxiarque*.

Après on doubloit ces huit files, qui faifoient feize ; & ce corps s'appelloit *Syntagme*, ou *Sénagie*, & le Chef de ce corps s'appelloit *Syntagmarche*, ou *Sénago*.

A ce corps on ajoutoit cinq Officiers généraux, un Porte-enfeigne, un pour guider la queue, qui faifoit à peu près la charge de nos Sergens d'aujourd'hui; un Trompette, (car ils n'avoient point de Tambour)un pour prononcer les ordres, & un Miniftre.

Le Porte-enfeigne fe mettoit au milieu du premier rang, comme tout fe verra par la Figure ci-deffous.

SECONDE FIGURE.

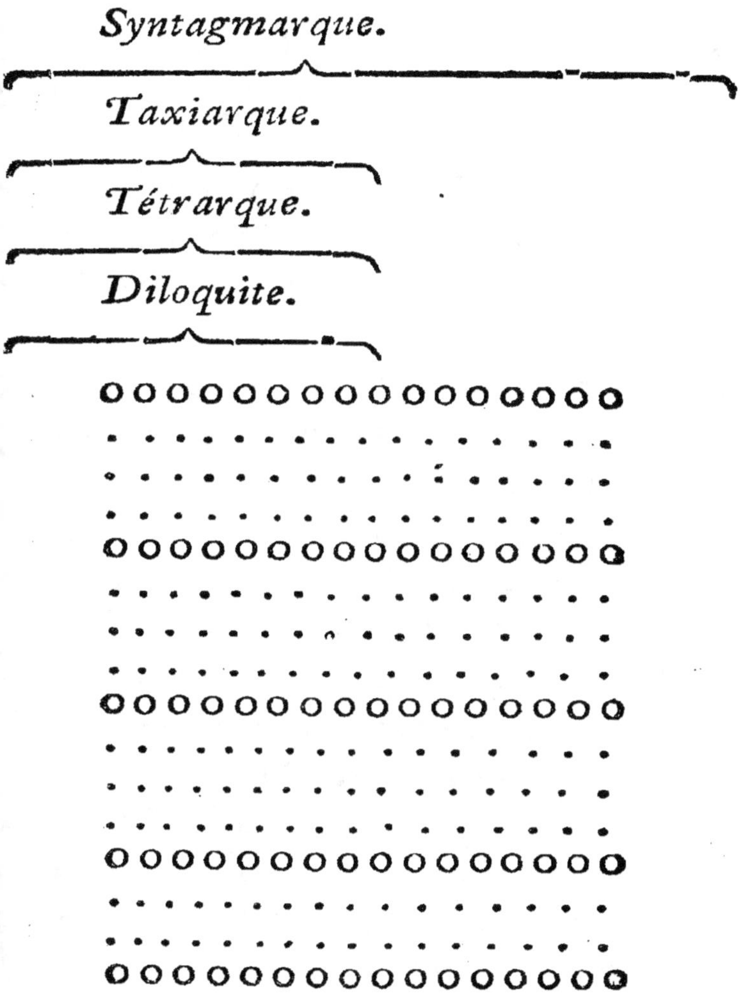

Syntagmarque.

Taxiarque.

Tétrarque.

Diloquite.

La Phalange étoit composée de seize corps pareils à la précédente figure.

Puis on doubloit ce corps de seize files, qui faisoient trente-deux files, & s'appelloit *Pentacosiarchie*, & son Chef *Pentacosiarche*.

Puis on doubloit ces trente-deux files, qui faisoient soixante-quatre, & ce corps s'appelloit *Chiliarchie*, & son Chef *Chiliarche*.

Puis on doubloit ces cent vingt-huit files, qui faisoient deux cens cinquante-six files, & ce corps s'appelloit *Mérarchie*, & son Chef *Mérarche*, ou *Télarche*.

Puis on doubloit ces cent vingt-huit files, qui faisoient deux cens cinquante-six files ; & ce corps s'appelloit *Phalange*, ou *Phalangarchie* ; ou *Stratégie*, & le Chef *Phalangarche*, ou *Stratégo*, ou Général. Si bien que la Phalange se trouve composée de quatre mille nonante-six soldats ; d'un *Phalangarche*, qui
commande

commande à tous, de deux Mélar-
ches, de quatre Chiliarches & huit
Pentacosiarches, de soixante-quatre
Tétrarches, & deux cens vingt-huit
Dilochites, comme il se verra par la
figure ci-dessous.

TROISIE'ME FIGURE.

Rangs.

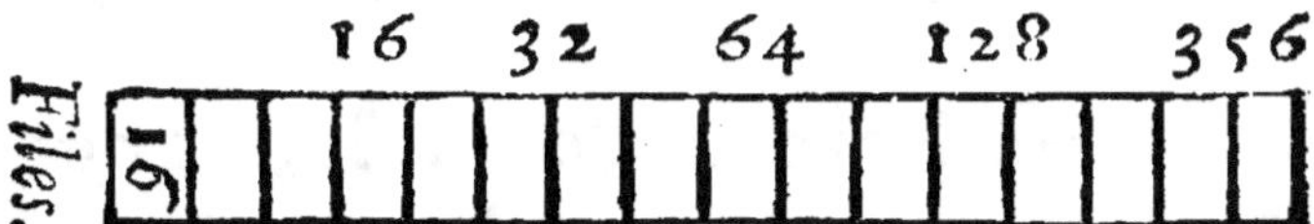

Or selon la puissance des Républiques on augmentoit cette armée,
doublant la Phalange qui se nommoit Diphalangarchie, & le Chef
Diphalangarche ; ou doublant la Diphalangarchie, & en ce cas on la
nommoit Tétraphalangarchie, & le
Chef Tetraphalangarche, lequel lors
étoit Chef souverain. C'est ce qu'ils
tenoient pour une armée complette,
& que depuis on a appellée une Pha-

K

lange. Néanmoins elle étoit toujours divisée en quatre corps, comme quatre Phalanges, & étoit composée de seize mille trois cens octante & quatre soldats.

QUATRIE'ME FIGURE.

Voilà l'ordre de la Phalange des Grecs pour les pesamment armés, nommés Oplites; à sçavoir, de piques & boucliers, lequel occupoit de terrain donnant six pieds pour soldat, & sans y comprendre les trois intervalles, six mille cent quarante-quatre pieds de longueur, & nonante-six pieds de hauteur.

A cette armée on y joignit la moitié moins de soldats armés à la légère, nommée *Files*, qui combattoient de loin avec armes à lancer

& jetter, & se mettoient en bataille derriére la Phalange en front égal. Mais n'étant les files que de huit de hauteur, avec le même ordre & les mêmes Officiers ; & quand il falloit commencer la bataille, ils sortoient par les intervalles, & alloient attaquer l'ennemi. Puis quand les armées étoient prêtes à choquer, ils se retiroient par les mêmes intervalles en leurs places, derriére leurs gens armés, & par-dessus leurs têtes faisoient pleuvoir sur leurs ennemis une grêle de traits, de pierres & de dards; & fortifioient l'épaisseur de leur Phalange, qui pour soutenir le grand choc, se trouvoit lors avoir vingt-quatre hommes de hauteur.

CINQUIE'ME FIGURE.

Rangs
16

8

K ij

Quant à la cavalerie, ils la mettoient toujours aux aîles ; & foit pour la cavalerie, ou pour l'infanterie, ils changeoient la forme de leur ordre felon l'affiette des lieux, ou le nombre d'ennemis à qui ils avoient affaire, ou felon l'ordre auquel ils étoient rangés en bataille, amoindriffant le front, en doublant la hauteur : ou doublant le front, en amoindriffant la hauteur, & la coupant par la moitié, comme fit Cyrus en la bataille qu'il eut contre Créfus. Car craignant d'être enveloppé, fes files étant de vingt-quatre de hauteur, il ne les fit que de douze ; & par ainfi il augmenta le front de fon armée de la moitié.

Ils fe fervoient encore de divers ordres felon les occafions ; comme en rond, & les légérement armés au milieu, pour foutenir un grand choc de tous côtés : ou en triangle, pour mieux entrer en bataillon : ou en demi-lune pour enclore ; & d'autres qui ne font maintenant de grand ufage.

Et afin de ne fe confondre point en tels ordres dans l'occafion, ils avoient des Ecoles publiques, où toute la jeuneffe alloit s'exercer, qu'on appelloit *Gymnafia*, & des Maîtres pour montrer le manîment des armes & les ordres, nommés *Tactici*. Or pour faire toutes les évolutions & changemens d'ordre, on donnoit à chaque foldat fix pieds quarrés ; & pour combattre trois pieds, & même pour foutenir un grand effort, on fe ferroit jufqu'à ne contenir qu'un pied feulement.

C'eft par ce moyen que tant de petites Républiques de Grecs ont maintenu fi long-temps leur liberté, & ont fait de fi grandes actions, ayant repouffé de fi belles armées avec de fi petites, & même étant allés planter leurs trophées dans l'Afie, &

ailleurs. Jufqu'à ce que leurs divifions les perdirent ; dont Philippe fe
fervant dextrement , les affujettit : &
depuis Alexandre fon fils, avec eux
& leur ordre , conquit une grande
partie du monde.

Il eft bien vrai que la conftitution
de ces Républiques , étoit plus propre pour maintenir heureufement
leur liberté , que pour s'accroître.
Car encore qu'ils s'adonnaffent tous
aux armes , & que nuls n'en fuffent
exempts ; la pauvreté & le petit
nombre de foldats de chaque République à part, les empêchoient de faire
de grands progrès : comme auffi leurs
divifions : étant difficile que tant de
Républiques fouveraines fe puiffent
accorder : finon pour une néceffité
commune de fe défendre , comme
ils firent diverfes fois contre les Perfes ; mais non pour une conquête,
où on ne fe peut accorder, ni de
commandemens , ni des partages
des chofes conquifes.

Quant à leur camp retranché qu'ils nommoient *Aplecto*, ils choisissoient plûtôt des assiettes fortes, qu'ils ne les fortifioient avec industrie, & n'avoient nulle forme certaine comme les Romains : mais selon l'avantage des lieux fortifioient un côté plus que l'autre, & ne s'en trouve rien de certain par écrit dans les Auteurs anciens.

DISCIPLINE
MILITAIRE
DES ROMAINS.

CHAPITRE I.

Election des gens de guerre, & leurs armes.

ROMULUS ayant bâti la ville de Rome, la divisa en Centuries & Ordres militaires ; chaque corps contenoit trois mille hommes de pied, & trois cens chevaux. Or parce qu'on choisissoit les plus vaillans, on le nomma *Légion*, qui vaut autant à dire comme Elite.

La ville ayant été accrue par le peuple des Sabins, on doubla les légions

légions, qui se trouvérent lors de six mille hommes de pied, & six cens chevaux. Néanmoins depuis ce temps-là elles ont été de beaucoup moindre nombre.

Tullus Hostilius, troisiéme roi des Romains, établit l'exercice militaire, & distingua tout le peuple en cinq classes. Celle des plus riches étoit obligée de se monter & armer, pour servir à la cavalerie. Les trois autres classes d'en après furent employées à l'infanterie, & selon leurs moyens ils étoient Hastaires, ou Princes, ou Triaires, & obligés de s'armer selon que leur ordre comportoit. La cinquiéme & derniére classe, comme trop pauvre, étoit exempte d'aller à la guerre.

Néanmoins depuis que les Romains firent armées de mer, qui fut quatre cens octante-neuf ans après la fondation de la ville, ils prirent de cette derniére classe les moins

L

pauvres pour les faire foldats fur la mer, & encore les obligérent-ils, en cas de néceffité, de fervir vingt ans fur terre.

Nul ne pouvoit obtenir Magiftrat civil à Rome, qui n'eût fervi dix ans à la guerre, ni par ce moyen en pofféder aucun, s'il n'avoit vingt-fept ans, pource qu'on commençoit le fervice de la guerre à dix-fept ans, il finiffoit auffi à quarante-cinq, & on étoit obligé durant ces vingt-huit ans d'en fervir quinze ; & quand ils avoient accompli leur fervice, ils n'étoient plus obligés de prendre les armes que pour la garde & la défenfe de la ville.

Depuis que les Rois furent chaffés de Rome, on élut tous les ans en leurs places deux Confuls : puis les Confuls élifoient les vingt-quatre Tribuns militaires. Mais depuis le peuple les voulut élire. Il falloit que quatorze d'eux euffent déja fervi à

la guerre cinq ans , & les autres dix,
un peu plus long-temps ; à fçavoir ,
dans l'infanterie onze ans , & dans
la cavalerie quinze ans. Ce qui montre l'eſtime qu'on faiſoit de l'infanterie par-deſſus la cavalerie.

Les Conſuls appelloient tous les
ans , de toutes les tribus , ceux qui
étoient depuis dix-ſept ans juſqu'à
quarante-cinq, au Capitole ou Champ
de Mars : & ceux qui manquoient
de s'y trouver , étoient châtiés rigoureuſement. Ce qui ſe ſçavoit facilement , car par les ordonnances de
Tullus Hoſtilius, on tenoit regiſtre
de tous ceux qui naiſſoient & mou-
roient. Or au nombre des habitans
étoient auſſi bien compris ceux du
territoire , que ceux de la ville.

On éliſoit toujours quatre légions:
deux pour chaque Conſul. Il s'en
eſt levé quelquefois davantage , mais
rarement , & ſelon la néceſſité des
affaires : & même du temps d'An-

nibal il s'eſt trouvé vingt-trois légions ſur pied. Et toutefois chaque
Conſul n'en avoit que deux ; les autres étant commandées par Préteurs ,
Proconſuls , & autres Chefs ; mais
depuis, la République croiſſant en
puiſſance, & les loix s'affoibliſſant ,
il s'en eſt trouvé ſous Céſar , aux
guerres de Gaule , juſqu'à dix légions.

Avant que procéder à l'élection
des ſoldats , on partageoit les vingt-
quatre Tribuns aux quatre légions : à
ſçavoir , des quatorze plus jeunes on
en donnoit quatre à la premiére légion , trois à la ſeconde , quatre à la
troiſiéme , & trois à la quatriéme.
Et des dix plus vieux on en donnoit
deux à la premiére , trois à la ſeconde , deux à la troiſiéme , & trois à
la quatriéme. Par ainſi il y avoit ſix
Tribuns militaires pour chaque légion ; & par-tout des vieux & des
jeunes.

Les Tribuns ainſi départis & ſé-
parés en quatre bandes, on tiroit les
tribus au ſort, & de la premiére on
choiſiſſoit quatre hommes les plus
pareils qu'on pouvoit. De ces quatre les ſix Tribuns de la premiére légion en choiſiſſoient un : les ſix de
la ſeconde choiſiſſoient le ſecond ;
les ſix de la troiſiéme choiſiſſoient
le troiſiéme, & les ſix de la quatriéme avoient le quatriéme. Après on
amenoit quatre autres, deſquels les
Tribuns de la ſeconde commençoient
à choiſir le premier : puis ceux de la
troiſiéme, le ſecond : puis ceux de
la quatriéme, le troiſiéme, & ceux
de la premiére prenoient le quatriéme qui reſtoit. Et ainſi conſécutive-
ment chacun commençoit à choiſir,
& de toutes les tribus on en faiſoit
de même. Si bien qu'en ce choix de
ſoldats, la premiére légion n'avoit
nul avantage ſur la derniére, & ſe
formoient toutes égales.

L iij

Après ce choix ainsi fait de l'infanterie, le Censeur élisoit la cavalerie.

Quant au nombre des soldats de chaque légion, il a été divers en divers temps. Il s'est trouvé pour l'infanterie de trois mille, trois mille deux cens, de quatre mille, de quatre mille deux cens, de cinq mille, de cinq mille deux cens, de six mille, de six mille deux cens : toujours suivant cette proportion de nombre pour la commodité qui se rencontre à partager, & former leurs manipules, centuries & cohortes. Aussi de même en la cavalerie : elle s'est trouvée en divers temps de deux cens, de deux cens vingt, de deux cens cinquante, de trois cens, de trois cens vingt, de trois cens trente, de trois cens cinquante, jusqu'à quatre cens.

L'élection ainsi faite, les Tribuns de chaque légion faisoient jurer, un par un, la main droite levée, & de la main droite le pouce en-haut, d'obéir & faire tout ce qui leur feroit commandé par leurs fupérieurs.

Au même temps les Confuls commandoient aux Magiftrats d'Italie d'élire en la même forte les alliés des Romains, dont on levoit pareil nombre d'infanterie, & le double de cavalerie. Si bien qu'en une armée confulaire il devoit y avoir quatre légions, deux Romaines, & deux des alliés.

Cela fait, on les licentioit après leur avoir donné un jour préfix, pour fe retrouver en un certain lieu fans armes, où les Tribuns choififfoient les plus jeunes & les plus pauvres, pour être Vélites : les autres d'après pour être Haftaires : les plus vigoureux pour être Princes, & les plus âgés pour être Triaires.

Après on les armoit. On trouve auffi du changement aux armes. Mais les plus ordinaires des Vélites étoient un morion, une petite rondache, des dards, & l'épée. Les Archers & Jetteurs de fronde se nommoient Extraordinaires, & étoient Auxiliaires.

Les Hastaires portoient des targes hautes de quatre pieds, la salade, le garde-cœur qui est une espéce de petit plastron. Et les plus riches portoient la cuirasse entiére, l'épée au côté droit, courte, large, avec une bonne pointe, & taillant des deux côtés, & deux dards à lancer.

Les Princes & les Triaires portoient de pareilles armes, sinon que les Triaires, au lieu de dards, avoient des javelots.

Pour la cavalerie elle étoit du commencement fort mal armée, & elle apprit des Grecs à s'armer de cuirasse, d'un écu, & d'un javelot à lancer.

Les Alliés tant la cavalerie, comme l'infanterie, étoient armés &

difciplinés comme les Romains.

Outre les quatre corps de Vélites, Haftaires, Princes & Triaires, il eft parlé dans les Auteurs anciens de Tirons, Roraires & Accenfes, lefquels tous étoient jeunes foldats, ou Romains, ou Auxiliaires, & ne combattoient, à mon avis, que d'armes de ject. Et en effet il n'y avoit pour corps d'infanterie parmi les Romains que ces trois ordres, Haftaires, Princes ou Triaires : car même les Vélites ne tenoient point de corps à part, étant dans l'ordre des batailles, & dans celui des logemens, confondus dans les autres ordres, & ils ne commencérent à être employés par les Romains qu'au fiége de Capouë.

L'élection faite, les foldats armés, & les ordres formés ; les Tribuns féparoient chaque ordre par Centurie ou Cohortes : puis faifoient deux élections de dix hommes chacune :

ceux de la premiére plus honorable, qui affiftoient au Confeil de guerre, & étoient comme les Capitaines d'aujourd'hui : ceux de la feconde repréfentoient les Lieutenans. Tous fe nommoient Centurions, mais ceux de la premiére élection s'appelloient Centurions premiers, & les autres Centurions feconds. Après cela les Centurions élifoient les Vexiliaires, qui font nos Enfeignes d'aujourd'hui; & y en avoit deux en chaque Cohorte. Puis ils élifoient vingt Tergiducteurs, qui étoient Chefs, pour conduire la queuë de la troupe. Si bien qu'il y avoit à chaque Cohorte deux Chefs à la tête, & deux Chefs à la queue.

CHAPITRE II.

Compartiment d'une Légion de quatre mille deux cens hommes de pied, & trois cens chevaux.

UNE Légion est toujours divisée en cinq Corps, à sçavoir l'Infanterie en quatre corps, nommés Vélites, Hastaires, Princes & Triaires, & la Cavalerie en un. Chaque corps est divisé en dix troupes, qui dans l'Infanterie se nomment Cohortes ou Manipules, & dans la Cavalerie Turmes.

Aux trois premiers Ordres de l'Infanterie, il y a en chacun mille deux cens soldats, desquels chacun fait dix troupes de six-vingt soldats : & au quatriéme, à sçavoir les Triaires, il y a seulement six cens soldats qui font dix troupes de soixante soldats.

Le corps de cavalerie eſt de trois cens, qui font dix troupes de trente ſoldats.

Parmi les Auteurs il y a de la diverſité entre les noms de Cohorte, Centurie & Manipule, leſquels ici ſignifient une même choſe. Mais en quelque endroit de Tite-Live on y voit la diſtinction de la Légion, à la Cohorte : de la Cohorte, à la Centurie : de la Centurie, au Manipule. Ce que je crois être provenu de ce que les légions étant augmentées juſqu'à ſix mille, & ſept mille hommes, on a fait des ſubdiviſions.

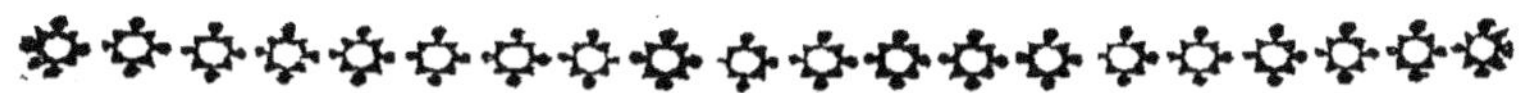

CHAPITRE III.

Du Marcher.

QUAND il falloit marcher : au premier ſon de trompette, on défaiſoit les Pavillons, & on plioit le bagage ; au ſecond, on le chargeoit , & au troisiéme , on sortoit du logement. Mais nul ne devoit commencer à descendre son Pavillon que ceux du Consul & des Tribuns ne le fussent.

Les Extraordinaires marchoient les premiers. Puis l'aîle droite des Alliés & leur bagage à la queuë : puis la premiére légion & son bagage après : puis la seconde légion & son bagage après : puis l'aîle gauche des Alliés , & ensuite son bagage : & la cavalerie étoit à la tête & à la queuë, & quelquefois aux côtés , selon le soupçon qu'on avoit des Ennemis.

Chaque légion Romaine avec une aîle des Alliés , marchoit devant , tour à tour , afin que chacun eût la commodité d'arriver le premier au camp.

Si en marchant l'on avoit plus de soupçon de la queue , que de la tête; ou bien des côtés , ils se fortifioient,

Voilà l'ordre ordinaire du marcher. Mais je trouve dans Céfar que quand il marchoit en terre d'enne-mis , & particuliérement en pays ferré de haies & de bois , il faifoit marcher en corps toutes les légions, puis tout le bagage enfemble , laif-fant feulement à la queue quelques troupes nouvelles pour la garde d'i-celui.

Quand l'armée marchoit en trois corps æquidiftans ; à fçavoir tous les Haftaires tant Romains qu'Alliés en-femble , ayans leur bagage devant eux : puis les Princes & les Triaires en même ordre : les Extraordinaires & la cavalerie devoient être aux flancs & à la tête , pour affûrer le bagage , ou bien aux endroits qu'on appréhendoit le plus. Et ainfi for-donnés , quand il furvenoit l'occa-fion de combattre de quelque côté que ce fût , foudain toutes les trou-pes fortoient facilement de l'embarras du bagage pour aller affronter l'ennemi.

Quand l'armée approchoit du logement, les Tribuns & les Centurions ordonnés à cela, s'avançoient pour considérer l'assiette du camp, laquelle étant choisie, on marquoit principalement le lieu du logement du Consul ou du Capitaine général avec une banderole blanche, puis on distinguoit son logement d'avec les autres, avec une banderole rouge : puis avec une seconde banderole rouge on marquoit les logemens des Tribuns : puis avec une troisiéme banderole rouge on séparoit & distinguoit les logemens des légions d'avec les précédens. Après cela on donnoit à chacun sa portion de terre, laquelle se marquoit avec des banderoles d'autre couleur : puis après le cordeau on avoit bientôt comparti tous les logemens : pource qu'on ne changeoit jamais les mesures, ni la forme du camp, & qu'on y étoit fort accoutumé, à cause que l'on ne logeoit point autrement.

Quand l'armée arrivoit, chaque troupe reconnoissoit son logement par les marques & banderoles. Si bien que tous y alloient facilement sans confusion & sans se tromper.

❋❋❋❋❋❋❋❋❋❋❋❋❋❋❋❋❋❋❋❋

CHAPITRE IV.

Logement du Camp.

ON logeoit les quatre corps des Vélites, Hastaires, Princes & Triaires, sous le nom seulement des trois derniers corps, & on divisoit & confondoit les Vélites dans les trois autres corps, comme on verra ci-dessous.

Hastaires 1200
Vélites joints aux Hastaires . . 480
—————
1680
—————

Princes

Princes   1200
Vélites joints aux Princes . .   480
____
1680
____

Triaires   600
Vélites joints aux Triaires . .   240
____
840

Les Romains donnoient dix pieds de terre en quarré pour loger deux foldats ; fi bien que donnant de terrain cent pieds de large, & mille de long, il y avoit de quoi loger deux mille foldats : & par ainfi dix Cohortes de Haftaires, qui ne faifoient que mille fix cens octante foldats, étoient logés au large, & leur reftoit encore de la place pour leur bagage.

Le même efpace de terre fe donnoit aux Princes, pource qu'ils étoient pareil en nombre.

La moitié moins de terrain fe donnoit aux Triaires, pource qu'ils étoient la moitié moins en nombre.

A la cavalerie on donnoit pour

M

trente chevaux, cent pieds de terre en quarré; & pour les cent Turmes, cent pieds de large, & mille pieds de long.

Aux Alliés, on donnoit pour les gens de pied, pareil espace qu'à celui des légions Romaines. Mais pource que le Consul prenoit la cinquiéme partie des légions des Alliés, on retranchoit aussi en cet endroit la cinquiéme partie du terrain, qu'on leur fournissoit ailleurs.

Quant à la cavalerie des Alliés, elle étoit toujours double à celle des Romains. Mais le Consul en prenant le tiers pour loger autour de lui, il n'en restoit dans les logemens ordinaires qu'un quart de plus de celle des Romains : & pource que l'espace de terrain étoit plus que suffisant, on ne leur augmentoit point, & l'avoient de cent pieds de large, & mille pieds de long, comme les Romains.

Ce logement étoit féparé de cinq rues, de cinquante pieds de large chacune, & coupé par la moitié par une rue nommée Quintaine, de même longueur que les autres.

A la tête du logement il y avoit une grande rue de cent pieds de large : après quoi logeoient les douze Tribuns vis-à-vis des deux légions Romaines, & les douze Préfets vis-à-vis des deux légions des Alliés. On donnoit à chacun de ces logis cinquante pieds en quarré. Après étoit le logis du Conful, nommé le Prétoire, qui contenoit deux cens pieds en quarré, & étoit pofé au milieu de la largeur du camp. A gauche & à droite du logis du Conful, il y avoit deux places, l'une celle du Marché, & l'autre celle du Quefteur. Autour de tout cela étoient logés les quatre-cens chevaux, & feize cens trente hommes de pied, que le Conful tiroit des deux légions des Alliés, comme encore les volontaires : & outre cela étoient réservés quelques logemens pour les Extraordinaires qui pouvoient venir, tant de cavalerie que d'infanterie, & avec cela se faisoit un quarré parfait.

Après tout le logement on laissoit un espace autour d'icelui, de deux cens pieds, puis on faisoit le retranchement, dont le fossé étoit plus ou moins large, ou profond, & le rempart bas ou haut, selon l'appréhension grande ou petite qu'on avoit de l'ennemi.

Est à remarquer, que l'infanterie est toujours logée le plus près des retranchemens, comme celle qui les doit défendre, & qui couvre la cavalerie qui est posée au milieu du logement. L'exemple qui suit, fera mieux comprendre ce que dessus.

A .... *Prétoire.*

B .... *Pavillons des Tribuns.*

C.... Grande rue entre les Pavillons
des Tribuns & le logement des
Légions.
D.... Logement de la Cavalerie Ro-
maine.
E.... Logement des Triaires.
F.... Logement des Princes.
G.... Logement des Hastaires.
H.... Logement de la Cavalerie des
Alliés.
I.... Logement de l'Infanterie des
Alliés.
L.... Rue de l'Infanterie des Alliés.
M.... Rue entre les Princes & les
Triaires.
N.... Rue entre les Hastaires & Al-
liés.
O.... Espace entre les logemens &
le retranchement.
P.... Rue Quintaine.
Q.... Place du Marché.
R.... Place du Questeur.
S.... Logement des Volontaires.
T.... Logement de la Cavalerie que

le Conful a tirée des Légions des Alliés, pour être près de fa perfonne.

V ... Logement de l'Infanterie que le Conful a tirée des Alliés, pour être près de fa perfonne.

X .... Logement de la Cavalerie extraordinaire qui peut furvenir.

Y .... Logement de l'Infanterie extraordinaire qui peut furvenir.

Z .... Pavillons des Préfets des Alliés.

& .... Logemens des Armes.

8 .... Logement des Machines.

+ .... Logement des Vivres.

△ .... Logement des Habits.

Quand l'armée du Conful eft compofée de plus de quatre légions, on les loge en même ordre, à côté les uns des autres. Tellement qu'en ce cas le camp fe trouve quarré-long; ou bien quand les deux armées des Confuls fe joignent & ne font qu'un camp, il occupe la place de deux quarrés.

Quelquefois les deux camps font proches l'un de l'autre.

Ici Polybe a obmis le nombre des portes du camp, & leurs noms, & où elles étoient pofées : comme quoi étoit faite la clôture du camp, les logemens des deux Lieutenans du Conful (un pour chaque légion ;) du Quefteur (qui eft le Tréforier,) du Préfet du camp, (qui eft l'Intendant de la Juftice ;) des douze Préfets des Alliés ; des Vivres ; des Armes ; des Machines de guerre ; des Vêtemens, & de quoi étoient faites les Tentes de guerre. Sur quoi avec l'aide de quelques Auteurs, & felon l'apparence nous y fuppléerons. Premiérement, l'on trouve en diverfes hiftoires, que le camp avoit quatre portes, pofées & nommées comme elles font en l'exemple ci-devant.

Quant à la clôture du camp, on

lit auſſi qu'on faiſoit le rempart de la terre qu'on tiroit du foſſé, & pour faire tenir la terre, on plantoit deux ou trois rangées de paux, autour deſquels on entrelaſſoit des faſcines en guiſe de claies.

Pour les logemens des Lieutenans du Conſul, il y a apparence qu'ils étoient logés autour du Prétoire.

Et pour celui du Queſteur, lequel outre l'argent, avoit la charge des Armes, des Machines de guerre, des Vivres & des Habillemens; je juge que la place qui lui a été donnée grande & ſpacieuſe, eſt pour loger tout cela. Quant aux Tentes, on trouve que juſqu'au tems de Céſar elles étoient de peaux de bêtes.

CHAPITRE

CHAPITRE V.

Des Ordonnances & Gardes du Camp.

OUTRE le serment qu'on exigeoit des soldats après leur élection, on leur en faisoit faire un autre dans le camp ; à sçavoir de n'y dérober point, & s'il se trouvoit quelques choses, de les porter aux Tribuns. Polybe rapporte qu'il se faisoit ainsi entre les mains des Tribuns : & Cicéron, qu'il se faisoit dès le commencement de l'élection des soldats, entre les mains du Consul.

Cela fait, on compartissoit les Cohortes des Princes & des Hastaires, comme s'ensuit. Deux, à avoir soin de tenir nette la grande rue qui est entre les Tribuns & le reste des soldats, jusqu'à l'arroser en Eté, pour ôter l'incommodité de la pousfiére ; car c'étoit le lieu où tout le jour une grande partie de l'armée se tenoit. Les dix-huit autres étoient départies pour servir les Tribuns ; à sçavoir trois pour chaque Tribun ; desquels se prenoient tous les jours huit soldats pour la garde de leur logement. Les Cohortes des Triaires faisoient la garde à la cavalerie, & une Cohorte chaque jour entroit en garde devant le logis du Consul.

Les fossés & les remparts se faisoient, deux côtés par les Romains, & deux côtés par les Alliés. Les Centurions faisoient travailler les soldats ; & deux Tribuns avoient la charge de voir si la besogne étoit bien faite.

L'autorité des Tribuns dans le camp étoit grande, & deux à la fois l'exerçoient sur leur légion deux mois, les uns après les autres.

Pour le mot, il falloit qu'un soldat de la derniére Cohorte pour l'infanterie, ou de la derniére Turme pour la cavalerie, vînt au logis du Tribun, le prendre fur une tablette, où étoit auffi écrit le nom du foldat qui la prenoit, & de fon logement, & la rendoit en préfence de témoins au Chef de fa troupe. Le Chef la bailloit au Chef de fa voifine, & ainfi de main en main la tablette alloit à la premiére Cohorte proche de la tente du Tribun, auquel elle étoit rapportée avant la nuit ; fi bien que par ce moyen il étoit affûré que toute l'armée avoit le mot. Et fi quelque tablette manquoit à être rendue, il étoit facile de trouver où elle étoit demeurée. Eft à noter qu'ici ne fe parle que d'un Tribun, qui me fait croire que les deux Tribuns qui a-voient durant deux mois l'autorité, s'étoient accordés de commander du-rant iceux chacun leur jour.

Quant à la garde, elle fe faifoit jour & nuit, & les vingt-quatre heures se divisoient en huit gardes.

Premiérement , le Consul étoit gardé par sa Cohorte ordinaire : puis chaque corps posoit la garde autour de son logement : en outre on posoit trois gardes, l'une au logis du Questeur , & les deux autres au logis des deux Lieutenans du Consul.

Les Tergiducteurs ou Chefs de la queue conduisoient les gardes, lesquelles tiroient au sort à qui commenceroit: Les premiers à qui étoit échû de commencer , étoient conduits au Tribun qui étoit en exercice , lequel bailloit l'ordre de la garde , & outre cela une petite tablette avec une marque, & toutes les gardes se proposoient de même façon.

Les rondes se faisoient par la cavalerie, dont le Chef en commandoit quatre pour le jour , & quatre pour la nuit. Les premiéres alloient prendre l'ordre du Tribun , qui leur ordonnoit par écrit quelles gardes ils devoient visiter.

Le changement & visite des gardes se faisoit huit fois en vingt-quatre heures, au son de la Trompette, & c'étoit le premier Centurion des Triaires, qui avoit charge de les faire marcher quand il falloit.

Quand la Trompette les avertissoit, les quatre mentionnés tiroient au sort, & à qui il échéoit de commencer, prenoit avec soi de ses amis ; & si faisant la ronde il trouvoit les gardes en bon état, il retiroit seulement la marque que le Tribun avoit baillée, & la lui rapportoit le matin. Mais s'il trouvoit la garde abandonnée, ou quelques sentinelles endormies, ou autre désordre ; il en faisoit son rapport au Tribun, avec ses témoins, & aussitôt on assembloit le Conseil pour vérifier la faute, & châtier le coupable, selon qu'il le méritoit.

Les Vélites faisoient la garde autour du retranchement par le dehors,

& par le dedans, & aux portes : les Alliés avoient le même ordre.

L'on ne trouve point par écrit le nombre de leurs corps de garde : comme quoi ils posoient leurs sentinelles autour du camp, & combien on avoit de journées franches de la garde.

CHAPITRE VI.

Des Peines & des Prix.

IL n'y avoit que le Consul qui pût condamner à mort, & avoit cette autorité aussi-bien sur les principaux Chefs de l'armée, comme sur les moindres soldats d'icelle.

Les Tribuns faisoient la Justice militaire, laquelle étoit exercée rigoureusement. La forme du supplice se faisoit ainsi.

Soudain que le Tribun avoit touché d'un bâton, ou d'un fouet celui qui étoit condamné, chaque soldat le chargeoit à coups de bâton, ou de pierre, & souvent avant que pouvoir sortir du camp, il étoit assommé. Mais encore qu'il en réchapât, il n'étoit plus reçu en sa patrie, & aucun de ses parens ne l'eût ôsé retirer. Celui qui commandoit aux ordres commandés pour la garde, ou pour les rondes, ou autre service concernant la sûreté de l'armée : ou bien qui s'attribuoit faussement d'avoir fait quelque acte signalé : ou qui avoit abandonné le lieu où on l'avoit mis : ou qui dans le combat avoit perdu ses armes : ou qui avoit dérobé dans le camp, ou servi de faux témoin : ou bien abandonné son corps ; étoit puni de cette façon ; comme aussi celui qui étoit tombé trois fois en de moindres fautes.

S'il arrivoit que plusieurs légions, ou une légion, ou une grosse troupe eût fui ; on la châtioit en deux maniéres, & la plus rigoureuse étoit de les faire tirer tous au sort, & d'en punir la dixiéme partie, ou plus, ou moins, selon l'exigence du cas. Par ainsi tous avoient la peur, & la plus petite partie étoit punie. La plus douce étoit de les faire coucher dehors du camp, & de leur donner de l'orge au lieu du froment, qui étoit une marque d'ignominie, que plusieurs troupes ont effacées, faisant des actes valeureux & mémorables.

Quant aux reconnoissances d'honneur, ils y excitoient les soldats, en louant publiquement devant tous les autres, ceux qui avoient fait quelque action valeureuse & extraordinaire. Outre cela on donnoit à celui qui avoit blessé un ennemi dans les escarmouches & petits combats, & qui volontairement l'étoit allé attaquer, un dard : à celui qui l'avoit tué & dépouillé, s'il étoit homme de pied, un bouclier : s'il étoit Cavalier, un harnois de cheval ; à celui qui à l'aſſaut d'une place étoit le premier monté ſur la muraille, une couronne murale, & à celui qui avoit ſauvé un Citoyen Romain, la couronne civique, qui lui étoit poſée ſur la tête, par celui qui avoit été ſauvé, lequel toute ſa vie le reſpectoit & honoroit comme ſon pere.

Les Chefs avoient auſſi leurs parts des honneurs, par les divers triomphes qu'ils obtenoient, ſelon la grandeur de leurs actions, & la facilité de leurs victoires.

CHAPITRE VII.

De la Solde.

POUR la Solde, elle ne commença que trois cens quarante-huit ans après la fondation de Rome. Avant cela chaque ſoldat s'armoit, ſe nourriſſoit & entretenoit à ſes propres dé pens; ce qui n'étoit pas difficile en ce tems-là, pour ce que la guerre n'étoit pas encore éloignée de Rome. Mais quand ils commencerent à fortir d'Italie, il fut néceſſaire de donner la paie, laquelle du commencement étoit fort petite : puis elle crût avec la grandeur de l'Empire Romain. Et je ne m'amuſerai d'en faire l'évaluation à notre monnoie, cela n'étant de nulle utilité. Seulement je dirai qu'il faut tellement proportionner la paie, que le foldat s'y puiſſe bien entretenir. Je remarquerai encore ici, que les Romains fe chargeoient de fournir le pain, les vêtemens, les armes, & les tentes à tous leurs foldats, & outre cela l'orge pour les chevaux des Cavaliers (rabatans les chofes fur leur folde.) Ce que je trouve être un bon ordre, & du tout néceſſaire pour faire fubfifter une armée. Car outre qu'il y a toujours la plus grande part des foldats mauvais ménagers, & que fi on n'y pourvoit, se trouveront toujours mal nourris & mal vêtus; c'est une chose impossible que le soldat trouve par-tout du pain à achetter, & qu'il puisse porter tout ce qui lui est nécessaire.

CHAPITRE VIII.

Ordre de bataille.

IL y a diversité d'opinions sur l'ordre de bataille des Romains. Les uns veulent que quand les Hastaires ne peuvent soutenir le choc des ennemis, qu'en se retirant ils entrent par files dans l'ordre des Princes : & les deux dans celui des Triaires, & ainsi renouvellent le combat trois fois. Les autres veulent que ce soit par troupes ; à quoi je juge beaucoup plus d'apparence, tenant la première, non seulement impossible à exécuter, mais aussi très - dommageable, & l'autre fort faifable & très-utile. Car pour entrer par files ainfi les uns dans les autres, il faut que les Haftaires combattent fi large-à-large, qu'entre deux files il s'y en puiffe toujours loger deux autres. Ce qui montre la débilité de ce premier ordre, lequel ainfi mis en bataille, ne peut ni renverfer, ni foutenir un bataillon : & même les files ainfi éloignées les unes des autres, ne fçauroient en combattant fe maintenir droites, ni conferver leur diftance. Mais à l'autre ordre, il s'y trouve plufieurs utilités. Premiérement, plufieurs corps de cent vingt hommes chacun (ou environ) attaquant un bataillon, le peuvent fort bien défaire. En tout cas, ils fe peuvent retirer fans fe défordonner, ni perdre leurs diftances ; & le fecond ordre, qui eft derriere le premier, en bataille, vis-à-vis des diftances, le peut facilement remplir : comme auffi en cas de befoin, le troifiéme corps, celles qui lui font réfervées, renouvellant le combat par trois fois. Et ce qui me confirme le plus en cette opinion eft premierement, que la raifon le veut ainfi : puis la defcription de la bataille de Zama, que Scipion donna contre Annibal, où il eft dit que Scipion, pour empêcher que les Eléphans dAnnibal ne les renverfaffent, fit mettre les Cohortes des Princes qui étoient vis-à-vis des intervalles des Haftaires, derriere eux, afin de laiffer des rues pour le paffage des Eléphans. Ce qui montre clairement que l'ordre de la bataille étoit difpofé par Cohortes, & non par files.

Je ne parle point en cet ordre de bataille des Vélites, ni de tous autres foldats armés à la légère, pource qu'ils ne combattoient qu'avec armes à lancer, & de loin; & quand les armées s'approchoient pour choquer, ils fe retiroient derriere ceux qui étoient peſamment armés.

Pour donc former ledit ordre, je dirai que la file étoit toujours de dix hommes de hauteur : que la Cohorte, ou Manipule d'une légion de quatre mille deux cens hommes, étoit toujours de cent vingt hommes ; & par conséquent la Cohorte faiſoit dix rangs & douze files : contenant ſix pieds de terre en quarré, pour un ſoldat, ſoixante & douze pieds de long, & ſoixante pieds de hauteur, & à trois pieds, la moitié moins.

PREMIERE FIGURE
D'une Cohorte.

En chacun des trois ordres, quoique les légions fuſſent plus ou moins fortes, il y avoit toujours dix Cohortes ou Manipules. Mais les Cohortes croiſſoient ou diminuoient à proportion des légions.

SECONDE FIGURE
Des dix Cohortes.

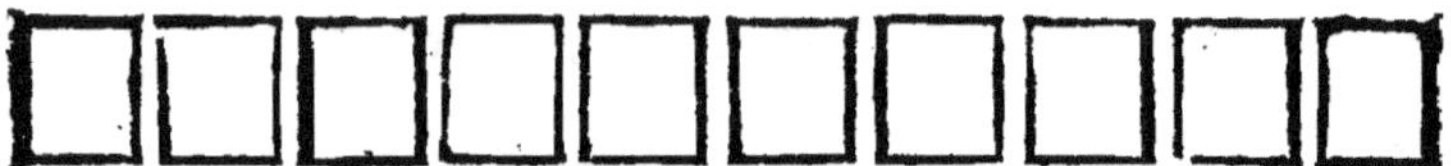

Les deux premiers ordres font d'é-
gal nombre, & le dernier de la moitié moins : par cet exemple d'une légion on verra , comme toutes les
troupes entroient les unes dans les
autres.

TROISIE'ME FIGURE
D'une Légion.

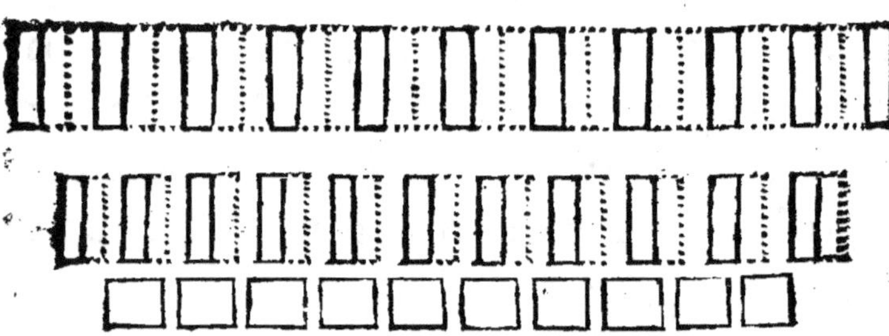

Je crois qu'entre les légions il y avoit
une diftance beaucoup plus grande
qu'entre

qu'entre les Cohortes , afin d'empêcher la confusion entr'elles. Ce que
je juge si nécessaire , que sans l'observation d'icelles , il est du tout impossible de conserver aucun bon ordre.

Quant à la cavalerie , puisqu'elle
étoit séparée en pareil nombre de
troupes que l'infanterie ; il faut croire qu'elle combattoit en pareil ordre :
mais la moitié étoit à l'aîle droite ,
& l'autre à la gauche. Par ainsi notre armée sera composée de six grands
corps ; à sçavoir , quatre corps de l'infanterie , & deux corps de la cavalerie , & chaque corps divisé en petites troupes , comme a été dit ci-
dessus.

O

EXEMPLE
DE L'ORDRE
de bataille d'une armée complette.

QUATRIÉME FIGURE.

900 200 900 100 900 100 900 100 900 200 900

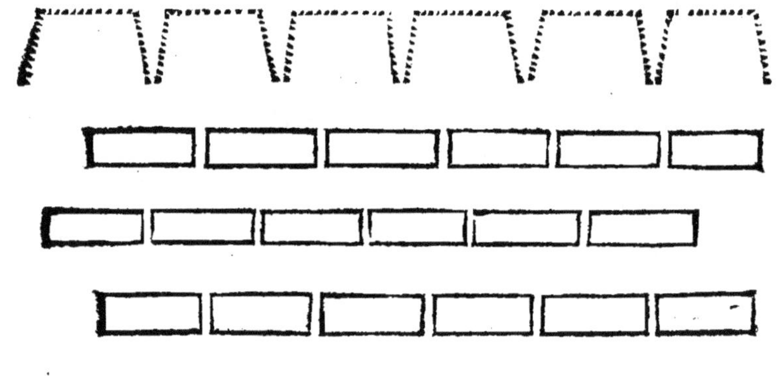

CHAPITRE IX.

Des Siéges.

NUL Capitaine Romain n'a fait de plus beaux siéges que César, ni ne les a décrits plus parfaitement.

Il y a des exemples pour l'attaque de toutes fortes d'affiettes, & pour maintenir fon fiége contre toutes fortes de fecours. A Brundufium qui eft fur la mer, il contraignit Pompée de l'abandonner, pource qu'il lui bouchoit le port par où elle pouvoit recevoir fon fecours. A Cadenac, qui étoit une affiette inexpugnable, il la contraignit de fe rendre, en lui ôtant l'eau. A Alexie, où il y avoit dedans quatre-vingt mille hommes de guerre, & qui en attendoit deux ou trois fois autant, il fe fortifia devant de telle forte, & contre la ville, & contre ceux de dehors, qu'il l'affama. Et à Bourges & à Marfeille, il prit la premiére par affaut, & contraignit l'autre de fe rendre, fur le point d'être forcée. Je ne particularifarai ici les machines dont on fe fervoit alors pour forcer les places, pource que le canon en a ôté l'ufage. Bien dirai-je feulement qu'on s'approchoit de la muraille pied-à-pied, le plus à couvert qu'on pouvoit ; & puis on tâchoit de l'abattre avec des machines; ou par des mines pour la forcer par assaut : ou au moins pour se loger sur la brêche. Ce qui soit dit pour montrer qu'encore qu'on ait changé la maniére des fortifications, pour mieux résister contre nos nouvelles machines foudroyantes ; néanmoins les anciennes maximes d'attaquer les places, sont les mêmes, dont on se sert aujourd'hui. Quant au siége d'Alexie, c'est le modéle sur lequel le Prince de Parme , le Prince d'Orange , & le Marquis de Spinola se sont formés , pour faire les leurs. Et tous ces grands travaux & circonvallations que nous admirons , & avec l'aide desquels ils ont pris plusieurs grandes villes , à la vûe de plus puissantes armées que les leurs , qui ne les ont pû secourir : ne sont rien en comparaison de celles que César a faites à ce siége d'Alexie.

Bref, ceux qui s'approchent le plus de la maniere de guerre des anciens Romains, aussi-bien aux siéges, qu'à la campagne : ce sont ceux qui se rendent les plus excellens Capitaines.

CHAPITRE X.

Remarques sur quelques batailles des Anciens.

APRE's avoir fait voir l'ancien ordre militaire des Grecs & des Romains, par le moyen duquel ils ont acquis tant de belles victoires : il faut encore remarquer deux causes principales, que leurs plus excellens Capitaines ont heureusement observées, pour vaincre en bataille. A sçavoir de tâcher à enclore son ennemi, & de ne faire jamais combattre toute son armée à la fois. Cyrus, pour se garantir d'être enclos en la bataille qu'il eut contre Crœsus;

augmenta le front de son armée du double, en ne faisant les files de son infanterie que de douze, qui étoient auparavant de vingt-quatre : & pour enclore son ennemi, logea ses meilleurs hommes aux aîles, lesquels ayant défait les aîles de l'armée contraire, vinrent attaquer le corps de bataille, par les flancs & par le derriére. A la bataille de Cannes, Annibal mit aux aîles tous ses bons soldats, & les moindres au milieu, afin que les Romains y trouvant peu de résistance, s'y renfonçassent insensiblement, & par ce moyen se trouvassent enclos par les deux côtés. A la bataille de Pharsale, César couvrit un des flancs de son armée d'une petite riviére, & fortifia sa cavalerie qui étoit à l'autre flanc, d'un corps d'infanterie, pour résister à la cavalerie de Pompée, qui étoit beaucoup plus grande que la sienne. Si bien que par ce moyen l'ayant défaite, il attaqua l'armée par le flanc, & la défit facilement. A la bataille de Zama, Annibal fit un corps de toutes ses vieilles bandes d'Italie, lesquelles il sépara de toute son armée, afin que quand tout le reste, tant d'une part que d'autre, seroit las de combattre, ce corps tout frais pût emporter la victoire. Tellement que Scipion, après avoir défait tout ce qui étoit devant lui, se trouva étonné de voir une seconde armée à combattre de nouveau.

Ici se peut faire une objection, que les armées pourroient être si inégales en nombre, que toutes ces maximes se trouveroient inutiles. A quoi je réponds, que quand une armée passe un certain nombre de quarante, ou cinquante mille hommes, le surplus ne sert qu'à la faire mourir de faim. Car il est facile en se retranchant d'éviter le combat. Et quand bien on voudroit donner la bataille, si on veut se servir des ordres mentionnés; il n'y a plaine si vaste où l'on ne puisse trouver de quoi couvrir un des flancs de l'armée, soit d'une riviére ou d'un bois, ou d'une montagne, ou d'un fossé : & l'autre avec des chariots ; ni rien qui puisse empêcher qu'on n'ait quelque corps de réserve, qui ne combatte pas dès le commencement ; ni qu'on ne mette aux aîles les troupes qu'on estime le plus. Lesquelles choses, si on les observe exactement comme il faut, elles peuvent grandement aider à obtenir la victoire.

✕✕✕✕✕✕✕✕✕✕✕✕✕✕✕✕✕✕✕✕✕✕✕

CHAPITRE XI.

Comparaison des Armes & Ordres Militaires des Romains, avec celles des Grecs.

LES Armes des Grecs étoient le bouclier, la pique & l'épée. Leur ordre étoit, de grands corps
de

de bataillons de seize de hauteur, des pesamment armés, & encore renforcés de huit de hauteur, des légérement armés; de façon que les bataillons venoient à être de vingt-quatre de hauteur, & combattoient tous à la fois étant tous de front.

Les Armes des Romains étoient la targe & l'épée. Leur ordre étoit de faire de petits corps de cent cinquante, ou deux cens soldats au plus, qui n'avoient que dix de hauteur seulement, & de faire trois ordres de bataille, afin de combattre trois fois l'une après l'autre.

Quant aux Armes des Grecs, il sembloit que leurs longues piques eussent un grand avantage sur les targes Romaines, pource qu'elles attaignoient de loin : Et encore aujourd'hui ne trouvons-nous arme pareille à la pique, contre l'effort de la cavalerie; & pour l'ordre, ces grands

corps ne trouvoient rien devant eux
qui leur pût résister.

De l'autre part ces grandes targes
Romaines les couvroient si bien,
que les piques ne leur pouvoient faire mal ; & si une fois ils venoient au
joindre, ils faisoient un grand car-
nage avec leurs épées courtes & larges : car lors la pique étoit inutile.
Aussi leurs petites troupes leur donnoient cet avantage, qu'ils combattoient plus de gens à la fois.
Quant à la disposition des trois ordres l'un derriére l'autre afin de s'en-
tresecourir l'un l'autre, & de pouvoir recommencer le combat, par
trois fois ; ils en tiroient cet avantage, que tous ne se lassoient & de-
sordonnoient à la fois. Si bien que
souvent ils ont emporté la victoire
après la défaite de leurs deux premiers ordres ; pour ce que le troisiéme ordre étant frais, & ayant

rallié tout le reste, faisoit un dernier effort contre une armée lassée & en désordre, & comme cela, gagnoient la bataille.

Il se trouve encore deux incommodités en ces grands corps ; à sçavoir qu'il faut qu'ils aient toujours un champ de bataille fort uni ; autrement ils ne peuvent conserver leur ordre ; & qu'ils ne peuvent agir à gauche & à droite, ains seulement combattre devant eux. Mais les petites troupes se ménent de tous côtés, & entretiennent leur ordre en tous lieux. Il est vrai que les Romains se mettoient quelquefois tous ensemble, ne faisans de toute leur armée qu'un corps en rond. Mais ce n'étoit que pour se garantir en une retraite, & non pour attaquer. Car comme ces grands corps sont comme immobiles, & de peu d'usage aux attaques, aussi quand ils ne veulent que se défendre, ils sont diffi-

les à rompre. Et encore ne se ser-
voient-ils de ce dernier ordre , que
quand ils étoient persécutés de fléches par une grande cavalerie , comme celle des Parthes.

. Car ne pouvant venir aux mains
avec eux , ils étoient contraints de
se mettre en cet ordre , & se couvrir de leurs targes. Si bien que je
conclus que les armes & ordres des
Romains sont meilleurs que ceux
des Grecs ; pource que les petites
troupes s'accommodent mieux à toutes assiettes que les grandes : que
combattans à diverses fois on opi-
niâtre plus les batailles, que quand
tout combat à la fois , & qu'il est
plus facile de faire promptement &
sans désordre , de plusieurs petites
troupes , une grosse , que d'une
grosse , en faire plusieurs petites.

TRAITÉ
de la Guerre.

JE n'entreprens pas ici de traiter toutes les fonctions de la Guerre en particulier, pour ce que tant de personnes en ont écrit, que ce seroit une chose superfluë. Je me contente de faire des Remarques générales sur toutes les choses qui en dépendent, & qui se peuvent mettre aujourd'hui en pratique, ne voulant toucher que ce que l'expérience me peut avoir enseigné, & sur-tout être si bref, que je ne puisse ennuyer long-tems le Lecteur.

P iij

CHAPITRE I.

De l'Election des Soldats.

L'ELECTION des gens de guerre s'eſt faite par les Anciens, & ſe fait encore par les Modernes diverſement. Les Grecs & les Romains ne ſe ſont pas contentés de ſoldoyer les ſoldats, qui de leur bon gré ont voulu aller à la guerre ; mais ont élû parmi eux ceux qu'ils ont jugé les plus propres pour la faire. C'eſt pourquoi ils ont eu de ſi bons ſoldats. Les Carthaginois ont ſoldoyé pour la plûpart des Etrangers ; & pour cette cauſe n'ont point eu de pires ſoldats que ceux de leur pays. Les Turcs choiſiſſent leurs ſoldats & les dreſſent. Les Suiſſes ſe ſervent de leurs gens propres. Les Vénitiens & Hollandois ſe ſervent, à l'imitation des Carthaginois, de ſoldats auxi-

liaires. Les François & les Alle-
mans abondent en bons hommes,
& se passent facilement d'auxiliaires : mais ils ne choisissent point
leurs soldats, ils se servent seulement de ceux qui volontairement
veulent aller à la guerre. L'Angleterre seule de tous les Etats de notre tems, les peut choisir & prendre tels qu'elle veut. Sur quoi il faut
considérer la constitution de ces
Etats : sur quelles maximes ils sont
fondés, & ce que chacun peut faire
de meilleur, pour avoir de bons soldats. La plûpart des Etats d'aujour-
d'hui sont plus fondés sur la police
que sur la guerre, & tâchent plutôt
de se conserver, que de s'accroître.
Ce qui nous y fait voir les Lettres
fleurir, & les armes s'abâtardir ; si
bien que les Etats qui ont pour fon-
dement la guerre, gourmandent les
autres.

L'exemple du Turc à la honte des

Chrétiens , & celui du Roi d'Espagne, au préjudice de l'Allemagne &
de l'Italie, en font deux preuves ma-
nifestes. Ce qui cause ce mal, est que
les gens de Lettres ont occupé presque partout le gouvernement des
Etats , lesquels , à cause qu'ils haïs-
sent les gens de guerre , les font toujours maltraiter , & même conseil-
lent de se servir plutôt d'auxiliaires
que de leurs sujets naturels ; qui est
une maxime très-pernicieuse. Mais
n'étant ici le lieu d'en traiter , nous
parlerons seulement de l'élection des
soldats.

L'Angleterre qui a droit par les
loix du Royaume de choisir ses gens
de guerre , peut observer la forme
de l'élection des Romains , qui est
très-bonne. Les autres Royaumes
qui n'ont ce droit-là , doivent inciter les gens d'honneur & d'ambition,
de se faire enroller , tant pour l'espérance d'être avancés aux autres

honneurs, en embraſſant le métier
de la guerre, que par le déni d'y
parvenir par autre voie, que par
celle-là ; comme de ne bailler aucun
office du Royaume, ni de la maiſon
du Roi, ni aucune charge parmi les
gens de guerre, ſi l'on n'a ſervi de
ſoldat un certain nombre d'années
parmi les bandes : ni faire aucun
Meſtre de camp qui n'ait été Capitaine : aucun Capitaine de cavalerie, ſans avoir été Officier dans la
cavalerie : aucun Maréchal de camp,
qui n'ait exercé honorablement de
moindres charges : ni aucun Général d'armée, qui n'ait été digne Ma-
rêchal de camp. Bref, que nul ne ſe
puiſſe avancer en aucune charge,
qui ne paſſe par les degrés de la
guerre. Et comme l'eſpérance de
s'accroître eſt un fort aiguillon pour
encourager un chacun à exercer le
métier de la guerre : auſſi l'appré-
henſion de ſe trouver pauvre & eſ-

tropié , après avoir longuement servi , est un rude mords pour les retenir. C'est pourquoi je voudrois y
pourvoir , en établissant un fonds
pour ces gens-là, afin de les faire vivre le reste de leurs jours commodément & avec honneur. Les Etats
qui à cause de la forme de leur gouvernement , craignent d'armer leurs
peuples (comme Venise :) ou dont la
subsistance dépend du trafic , comme
les Pays-Bas , & qui pour ces raisons
sont contraints de se servir en leurs
guerres d'auxiliaires , doivent premiérement être soigneux de choisir
de bons Chefs, puis avoir toujours un
certain corps de soldats bien exercés
& disciplinés, suffisant tant pour les
empêcher d'une surprise , que pour
leur donner temps d'assembler de
plus grandes forces. Car une armée
formée & disciplinée de longue
main, quoique petite, est plus capable de se défendre , & même d'ac-

quérir, que ces armées qui ne s'affûrent que sur leur grand nombre.
Et les grandes conquêtes se font
presque toujours faites par les armées médiocres ; comme les grands
Empires se font toujours perdus avec
leurs peuples innombrables. Pource
que ceux qui avoient à combattre
ces armées si nombreuses, ont voulu
leur opposer une exacte discipline &
un bon ordre : & les autres ayans négligé toute bonne discipline & ordre, ont voulu récompenser ce défaut par le grand nombre d'hommes,
qui leur a causé toute confusion, &
n'a servi qu'à les faire perdre plus
honteusement. Dont je conclus que
le meilleur moyen d'avoir de bons
soldats, est de choisir ceux qui sont
plus propres à la guerre. Le second,
d'inciter les gens d'ambition & de
vertu de s'enroller librement, en fer-
mant la porte à toute autre voie de
s'avancer ; & le dernier d'entretenir

un corps d'armée, qu'on soit soigneux (aussi-bien en paix comme en guerre,) de tenir sous une exacte discipline, sans jamais la relâcher. De l'une desquelles trois voies, toutes sortes d'Etats se peuvent servir.

CHAPITRE II.

Des Armes.

LEs Armes plus ordinaires de l'infanterie du tems présent, sont pour la défensive le pot, la cuirasse, & les tassettes : & pour l'offensive l'épée, la pique & le mousquet, qui sont plutôt les armes des Grecs, que des Romains. Sur quoi il faut remarquer que nos mousquets nous servent comme faisoient les armes de ject aux Anciens; si bien que le corps de la bataille consiste aux piques, qui est une arme très-propre pour résister à la cavalerie, pource que plusieurs jointes ensemble font un corps fort solide , & très-difficile à rompre par la tête, à cause de leur longueur, desquelles il s'en trouve quatre ou cinq rangs, dont les fers outrepassent le front des soldats , & tiennent toujours les escadrons de cavalerie éloignés d'eux , de douze ou quinze pieds. Maurice, Prince d'Orange, a eu grande envie de se servir de la targe,& en ayant fait faire diverses épreuves, a trouvé qu'elle a non-seulement résisté à la pique, mais que la moitié moins de targes , a toujours entré dans les rangs de deux fois autant de piques , & les a rompues. Néantmoins n'étant que Chef des armées d'un Etat, & non Prince souverain & absolu , il n'a osé faire un si grand changement , soit qu'il craignît la cavalerie qui se trouve aujourd'hui très-bien armée : ou bien le reproche de quelque mauvais succès, n'ignorant pas que les peuples jugent plutôt des actions de ceux qui les servent par l'événement, que par la raison. Pour moi, je voudrois ajouter cette forte d'armes à notre difcipline, faifant toujours le principal de corps mon infanterie de piques, & avoir à chaque bataillon un petit corps féparé, de cent ou fix vingt targes, pour charger par le flanc, ce qui feroit un merveilleux effet en un jour de bataille, & feroit la vraie place des volontaires, & de force brave Nobleffe, de laquelle bien fouvent on eft empêché en une armée. Quant aux armes offenfives de la cavalerie, nous en avons de cinq fortes, à fçavoir la lance, le piftolet, l'épée, la carabine & l'arquebufe à mêche. Les deux premiéres font données à la cavalerie pefamment armée, laquelle doit avoir pour armes défenfives cuiraffe, falade, braffals, taffettes, genouilleres & garde-reins. Encore y a-t-il peu de tems que les chevaux étoient armés de bardes. Des deux autres ceux qui portent les carabines ont le pot & la cuirasse, & pource qu'ils combattent à cheval, doivent être bien montés. Mais ceux qui portent les arquebuses à mêche, n'ont nulles armes défensives. De ces cinq sortes d'armes offensives, il n'y en a plus que trois bien en usage, à sçavoir le pistolet, l'épée & la carabine. Les Espagnols seuls ont encore retenu quelques compagnies de lances, qu'ils conservent plutôt par gravité que par raison. Car la lance ne fait effet que par la roideur de la course du cheval, & encore il n'y a qu'un rang qui s'en puisse servir ; tellement que leur ordre doit être de combattre en haie, ce qui ne peut résister aux escadrons ; & si elles combattoient en escadrons, elles feroient plus d'embarras que de service. Et

que pour l'arquebufe à mêche , on
l'a auffi comme délaiffée , pource que
dans les guerres civiles elle ruinoit
l'infanterie , chacun voulant avoir
un bidet pour pouvoir mieux voler.
Néantmoins quelques troupes bien
réglées, de cette efpéce , dans une
armée , font de très-grand fervice,
ou à faire des exécutions , ou à gagner de mauvais paffages , ou à garder le logement de la cavalerie ; ou
même un jour de combat à faire
mettre pied à terre comme enfans
perdus , devant les efcadrons de cavalerie.

Maintenant faut proportionner la
cavalerie avec l'infanterie , laquelle
peut avoir fes diftinctions , felon la
fituation du pays où vous faites la
guerre ; ou bien des ennemis contre
lefquels vous avez à combattre. Car
fi vous êtes en un lieu de campagne
plein de fourage, & que vous ayiez à
aire la guerre contre une grande cavalerie

valerie, comme celle du Turc, il faut en ce cas vous fortifier de plus grand nombre de cavalerie. Que si la guerre se fait en un pays serré ou de montagnes, ou de forêts, ou de marêts, ou de haies & fossés, & qui ait force places fortifiées, pource que la guerre se réduit plutôt en siéges qu'en batailles & combats de campagne, alors il faut fortifier son infanterie ; & ces deux corps sont si nécessaires l'un à l'autre, qu'une armée ne se peut estimer bonne, ni subsister, s'ils ne sont également bien entretenus. Néantmoins si je n'étois induit par quelque raison extraordinaire, je ferois la proportion de mon armée pour le pays ouvert d'un quart de cavalerie, sur trois quarts d'infanterie, comme sur vingt-quatre mille hommes de pied, huit mille chevaux. En un pays serré, d'une sixiéme partie de cavalerie sur cinq parts d'infanterie, comme sur vingt

Q

mille hommes de pied , quatre mille chevaux. Reſte de donner à ces deux corps les armes dont nous avons parlé avec la proportion la plus uti-le. Les Suiſſes ont beaucoup plus de piques que de mouſquets ; & pour cet effet ſe ſont faits redouter en campagne. Car un jour de bataille où on vient aux mains, le nombre des piques a beaucoup d'avantage ſur celui des mouſquets. Les autres Na-tions partagent également les pi-ques & les mouſquets , & même pource que la guerre ſe réduit au-jourd'hui plus en ſiéges qu'en batail-le , on aime mieux avoir plus grand nombre de mouſquets que de piques. Pour moi qui y ajoute les targes, je ſerois d'avis de faire les Régimens de mille quatre cens quarante ſoldats ; à ſçavoir de ſix cens piques , de ſix cens mouſquets, & deux cens quaran-te targes. Pour la cavalerie, je la pro-portionnerois en cette ſorte. Je compoferois les Régimens de 500 chevaux, dont j'en armerois quatre cens en gens-d'armes, cinquante en carabins, & cinquante en arquebufiers à cheval. Mais ce n'eft pas tout d'avoir bien armé vos foldats, fi vous ne les obligez de porter leurs armes; étant une honte infupportable de voir aujourd'hui leur délicateffe, & le mépris qu'ils en font. Et pour couvrir cette faute, ils publient que c'eft manque de courage d'aller armé, & qu'ils iront en pourpoint aux lieux les plus périlleux, auffi-bien que les armés. Il ne fuffit pas d'aller en un lieu pour s'y faire affommer; il faut y aller pour vaincre, & non pour être battu. Il en arrive encore cet inconvénient, que fi vous ne vous accoutumez à porter vos armes, quand vous êtes contraint de les prendre pour vous en fervir, vous y êtes tellement empeftré, que vous ne pouvez combattre. Au contraire, fi vous vous y

accoutumez, elles ne vous font plus
incommodes, & vous vous y trouverez aussi libres que si vous étiez en
pourpoint. Mais le plus grand mal qui
en provient, est, que la ruïne de la
discipline militaire s'en ensuit, laquelle un bon Capitaine doit faire observer exactement en toutes ses parties.
Car s'il la relâche en une, ou en faveur de certaines personnes ; les conséquences petit-à-petit s'en ensuivent
telles qu'elle se corrompt tout-à-fait.
Et lors il se trouve sans obéïssance
& sans respect ; ce qui ne s'acquerra
jamais, sans encourir la haine de
ceux qu'il a trop épargnés : étant très-
véritable qu'il est plus facile de prévenir un mal, que de le corriger
quand il est venu.

❀❀❀❀❀❀❀❀❀❀❀❀❀❀❀❀❀❀❀❀❀❀❀❀❀❀❀❀

CHAPITRE III.

De la Discipline Militaire.

OUTRE ce qui s'eſt dit pour inciter un chacun de prendre plûtôt le métier des armes, que pour tout autre, il faut faire d'autres obſervations, afin qu'on s'en rende digne, leſquelles conſiſtent en trois choſes ; à ſçavoir en la récompenſe des belles actions, au châtiment des mauvaiſes, & en l'exercice continuel & exact de la diſcipline militaire. Car le métier du monde qui a plus beſoin de telles aides, eſt celui de la guerre, ou pour la ſimple ſolde, (avec quoi à peine peut-on vivre, & dont le moindre artiſan ne ſe contenteroit pas,) le ſoldat s'abandonne à toutes ſortes de périls & de fatigues. Or nul n'y eſt pouſſé, ſi ce n'eſt ou par émulation d'honneur, ou par la licence de mal-faire : & comme le premier but est vertueux, aussi tire-t-on de bons services de ceux qui y entrent pour ce sujet. Mais des autres on n'en reçoit que de la honte. Car au lieu d'une bonne armée bien obéissante, on ne se trouve avoir qu'une troupe de brigands, qui sans ordre & obéissance vous abandonnent, ou après un bon pillage, ou dans un péril éminent. C'est pourquoi l'élection des soldats est une meilleure maniere de former une armée, que de recevoir seulement les volontaires, dans lesquels tous les vagabonds & mal-vivans, & qui ne peuvent vivre que de volerie, se font enroller. Donc pour inciter les vertueux à faire bien, & détourner les vicieux de faire mal, les récompenses & les châtimens sont du tout nécessaires. Les Romains se sont servis de ces deux moyens fort utilement ; & si nous ne faisons comme eux, nous n'aurons jamais de bons soldats, ni bien disciplinés. Et n'importe pas que nous nous servions de leurs remunérations, ou de leurs mêmes supplices : il suffit qu'elles les équipolent, afin d'en recevoir la même utilité : & ces choses se font diversement selon le tems & la coutume. Le principal est d'être exact observateur de telles choses, afin que la rémunération excite les braves gens aux belles actions, & la rigueur du supplice retienne les timides de faire lâchement. La maniere de décimer les soldats qu'avoient les Romains, est tenue cruelle. Néanmoins il se commet quelquefois des actions si infâmes, qu'on est contraint d'user de grande sévérité, pour donner de la terreur à tout le monde, trouvant très-bon de faire peur à tous ceux qui ont fui par le moyen du sort, & d'en faire mourir peu. Car il faut par un moyen imprimer cette créance aux soldats, que pour fuir lâchement, ils n'évitent point la mort ; mais changent feulement une mort glorieufe qu'ils euffent acquis en combattant vaillamment, à une infâme. Après avoir relevé le foldat par l'honneur d'être eftimé vaillant, & lui avoir fait haïr d'être eftimé un poltron ; il faut mettre en pareil degré d'honneur, de fçavoir bien obéïr, chacun à fon fupérieur, depuis le fimple foldat, jufques au Lieutenant Général d'armée. Car de cette obéïffance toures les fonctions d'une armée dépendent, & fans icelle on ne peut régler aucune chofe, ni faire rien de bien. Il la faut imprimer au cœur des foldats, comme une des principales vertus requifes en eux. D'elle naît l'ordre : par elle s'entretient l'exercice militaire : bref, par elle s'exécutent les beaux deffeins, & fans elle tout va en confufion & perdition. Je ne m'amuferai ici à dire le particulier des exercices militaires, qu'on

fait

fait faire au ſoldat, pource que les
livres en ſont pleins, & que l'uſage
y change toujours quelque choſe. Je
dirai ſeulement qu'il n'y a rien ſi uti-
le, que d'exercer chaque ſoldat à
bien porter les armes, à s'en bien
ſervir, à bien tenir ſon rang, & à
bien exécuter en icelui, tous les changemens qui lui ſont ordonnés. Voilà
pour les gens de guerre. Mais pour
la récompenſe des Généraux d'armée, je dirai le même que pour ſes
ſoldats; à ſçavoir que ſelon le tems,
ou la conſtitution des Royaumes ou
Républiques, on en doit uſer de telle
ſorte, que l'honneur de ceux qui ont
fait de belles actions, & rendu de
grands ſervices, ne ſoit diminué ou
mépriſé. Pource que les ames les plus
généreuſes, qui excuſeront facilement tout manquement d'autre récompenſe de leurs ſervices, ne ſup-
porteront jamais qu'on les fruſtre de
l'honneur dû à leurs belles actions;

& se dépiteront plûtôt de ce déni d'honneur, que de tout autre chose, dont souvent en est arrivé de grands maux.

C H A P I T R E I V.

De l'obéïssance des Soldats.

OR comme le Général d'armée veut avoir des soldats l'obéïssance qui lui est dûe, aussi faut-il qu'il y ait soin de ne leur donner aucun sujet légitime de s'en exempter. Pour cet effet il doit les occuper toujours, à cause que l'oisiveté engendre la corruption aux mœurs, & à la discipline ; d'où naissent le luxe, la négligence aux exercices & aux gardes, & la désobéïssance aux supérieurs. C'est dans le repos de Capoue que l'armée d'Annibal s'est perdue, & dans les délices de Babylone, qu'Alexandre lui - même se corrompit , & dont il retira fon armée pour en empêcher la totale ruine : n'y ayant moyen plus efficacieux pour la maintenir en devoir , & en détourner les féditions , que de l'employer à la guerre. C'eft donc une maxime qu'il faut obferver exactement , de ne laiffer jamais en aucun lieu les foldats oififs , fur-tout quand l'armée eft en corps : car fi vous ne l'employez à bien , elle s'emploiera à mal. Ce qu'il faut faire auffi-bien au plus fort de la paix , qu'en pleine guerre : particuliérement les exercer à fe bien fervir de leurs armes , & à tenir bon ordre ; & encore que ce foit fans befoin , à faire des retranchemens de camp , & à fe hurter ; afin qu'ils foient tellement accoutumés à remuer la terre , que quand la néceffité. le requerra , ils n'y aient nulle peine. Je voudrois encore les employer à faire des fortifications , & autres œuvres de cette efpéce , pource que l'e-

xercice les maintient fains , qu'ils ga-
gnent outre leur paie , de quoi fe
mieux entretenir , & qu'ils fe rendent
familiére une chofe , qui en tems de
guerre leur eft auffi utile que de fe
bien battre ; n'y ayant rien d'impoffi-
ble à vingt , ou trente mille hommes
qui voudroient travailler à la terre ;
car en huit jours ils feront des fortereffes imprenables. Et Céfar s'eft rendu auffi redoutable & admirable par
les grands travaux qu'il a fait faire à
fes Soldats , que par les grands combats. Le Général doit encore avoir
foin qu'ils foient bien vêtus , & bien
nourris. Sur-tout qu'il leur faffe fournir fur leurs paies des habits , & des
fouliers ; autrement vous trouverez
fouvent votre armée fe détruire , &
la maladie s'y fourrer par ce défaut ;
faut auffi être fort foigneux des malades & bleffés , & n'épargner rien à
cela , afin que les foldats ne s'excu-
fent point d'aller au péril, ou de fouf-

frir la fatigue, fur ce qu’on les abandonne, quand ils font malades ou
bleffés. Le Général doit encore montrer un foin particulier de leur foula-
gement, & ne les obliger fans grand
befoin à faire des corvées extraordinaires. Mais quand la néceffité le
requiert, il doit être le premier à fup-
porter la peine ; car l’exemple du
Chef rend toutes chofes faciles au
foldat. Les exemples non-feulement
des plus grands Capitaines anciens ;
mais même des plus grands Monar-
ques & Empereurs, devroient faire
honte à nos délicats Capitaines d’aujourd’hui, qui craignent de gâter leur
beau teint au Soleil, & leur rotonde
à la pluie, & qui croiroient être dés-
honorés, s’ils marchoient à pied à
la tête de leurs Compagnies ; & ces
grands hommes n’ont point dédaigné
de marcher à la tête de leurs armées :
ont refufé à leur extraordinaire foif
de l’étancher, pource qu’il n’y avoit

point d'eau pour faire boire tout le monde. Et ainsi se faisans compagnons des périls & travaux de leurs moindres soldats, ils se sont rendus maîtres de la plus grande part du monde, & se sont acquis un los immortel.

CHAPITRE V.

Du Marcher.

IL faut faire diverses considérations sur le voyage d'une armée, laquelle peut être attaquée le jour, au déloger : ou bien la nuit quand elle est logée ; si elle n'est point campée, & qu'elle loge dans les villages. Il faut pour la faire marcher en corps, lui donner rendez - vous sur le chemin qu'elle veut tenir, lequel si l'ennemi l'apprend assez à tems pour s'y trouver le premier, ou que par hazard il s'y rencontre, il fait courir

grande fortune à une armée qui vient
à son rendez-vous à divers tems, &
par divers chemins. Les meilleurs
moyens pour se garantir d'un tel accident, sont de tenir son rendez-vous
fort secret, d'avoir de bons espions
parmi les ennemis, & d'envoyer force coureurs aux nouvelles. Quand
on campe, on n'est point sujet à ce
péril-là : pource que l'armée est toujours ensemble. Pour le marcher il
faut considérer le pays où vous êtes,
& le nombre de gens de guerre que
vous avez. Si vous marchez dans de
grandes plaines, on peut aller presque toujours en bataille, ou au moins
tous les bataillons & escadrons formés. Alors il est bien facile de se mettre promptement en état de bien combattre ; pource qu'on ne fait pas une
trop longue file. Mais quand vous
marchez par un pays étroit, où on
ne peut aller que peu de front, alors
il faut ajouter l'incommodité du che-

min, & le tems que vous avez à le faire, avec le nombre des soldats, dont votre armée est composée. Car dix mille hommes de pied marchans dix-à dix, & mille chevaux filans cinq-à-cinq, avec le plus léger bagage qu'ils puissent avoir, & dix canons, avec l'équipage de quoi tirer chaque piéce cent coups, occupent de chemin environ vingt-huit mille pieds de longueur. Qu'on juge làdessus combien de files doivent faire trente mille hommes de pied & six mille chevaux. Quand donc ces grandes armées se trouvent en un chemin si fâcheux, il faut de nécessité faire divers corps, qui viennent les uns après les autres, & logent séparément : ou bien les faire venir par divers chemins éloignés de quelques lieues les uns des autres : ou en tout cas faire des chemins à travers champs pour faire marcher les gens de guerre, laissant le grand chemin ordinai-

re au canon & au bagage. S'il y a
une riviere à passer, où on ne puisse
faire qu'un Pont; ou quelque pas de
montagne, ou marêts, ou forêts, où on
ne puisse faire divers chemins ; alors il
faut passer les uns après les autres, &
& en divers jours. Je ne m'amuse à
dire comme tels mauvais pas se doivent passer en vûe d'ennemi, pource
que force personnes en ont écrit. Et
quand ce vient à l'exécution, peu
s'en démêlent bien s'ils sont bien attaqués. Mais seulement je dirai que
le meilleur moyen est de prendre si
bien ses mesures, qu'on évite cette
rencontre. Quant au marcher, je
trouve comme impossible que deux
armées se puissent rencontrer, si l'un
des deux Capitaines veut l'éviter ;
sur-tout en pays serré. Mais en tout
événement le meilleur ordre est, que
le bagage soit entiérement séparé des
gens de guerre, laissant seulement à
sa queue quelque peu de troupes,

pour empêcher qu'ils ne se débandent. Car si à une allarme chaque
corps a son bagage derriere soi, il y
apporte une grande confusion, & empêche que les gens de guerre ne se
puissent rallier, ni s'entre-secourir les
uns les autres. Le tems du logement
est encore une heure dangereuse d'ê-
tre attaqué ; pource qu'on trouve
l'armée harassée, & chacun ayant envie de se loger, s'avance au quartier
en désordre, qui est une chose difficile à éviter, si avant que d'entrer
dans le logement, on ne fait mettre
l'armée en bataille, & si on ne la
fait loger troupe-à-troupe, sans permettre qu'aucun aille se loger que par
commandement, faisant faire cependant la découverte de tous côtés.

Reste l'attaque d'un quartier, qui
est ce qu'on tente le plus souvent,
sur-tout quand l'armée ne campe
point, pource qu'étant logée en divers quartiers, on peut tenter d'en

enlever quelqu'un , fans hazarder un
combat général. A quoi je ne trouve
pas la feule garde ordinaire , quelque
exacte qu'on la faffe, fuffifante de remédier à un tel accident ; pource
qu'elle ne peut donner l'allarme que
de trop près , & que fouvent on n'a
pas le loifir de fe mettre en état de
combattre. C'eft pourquoi il faut être
foigneux de faire battre l'eftrade toutes les nuits par plufieurs petites troupes, lefquelles fi elles font bien leur
devoir , ne permettront pas que vous
foyez furpris. Car une armée , ou une
groffe troupe capable d'enlever un
quartier d'armée , ne peut paffer fi
fecrettement qu'on ne s'en apperçoi-
ve. Et quand on a affaire à un ennemi éveillé , & qu'on craint telles attaques de nuit, il n'y a rien fi bon
que de le prévenir, fi ce n'eft tout de
bon , au moins lui donner toutes les
nuits des allarmes , afin qu'il foit plus
empêché à fe tenir fur fes gardes ,

qu'à vous attaquer. Si c'eft dans un camp retranché où toute l'armée foit en corps, c'eft une haute entreprife que de l'attaquer. Et ce chapitre feul fait voir la fûreté d'un camp retranché, lequel je finirai par cette conclufion, que toutes les chofes fufdites pour affûrer fon logement, ne fe doivent jamais obmettre, quoiqu'on croie être fort éloigné des ennemis; pource qu'outre le profit que vous en tirez d'accoutumer votre armée à faire fon devoir, il vous arrivera une telle occafion, que ce fera le falut d'icelle, de votre vie, & de votre réputation.

CHAPITRE VI.

Du Camper.

JE ne décrirai point la forme des camps retranchés, mais feulement leur utilité : ne pouvant affez

m'émerveiller de ce qu'ils avoient
été du tout délaiſſés. Il n'y a peuple
qui s'en ſoit ſervi ſi exactement que
les Romains ; & de notre tems, Maurice, Prince d'Orange, les a remis en
uſage, ou pour le moins leur a donné une grande perfection. Le retranchement du camp aſſure une armée,
en ce qu'elle n'eſt jamais diſperſée
par les villages, où toujours quelque
quartier eſt en danger d'être enlevé ;
mais loge toute en corps, & en façon qu'étant attaquée, elle peut combattre avec grand avantage. Le retranchement la ſoulage d'une grande
fatigue, pource qu'il y faut faire beaucoup moins de gardes, & moins pénibles, ſur-tout à la cavalerie, laquelle quand elle loge dans les villages ouverts, elle eſt contrainte d'être
à cheval preſque toute la nuit. Le retranchement contient votre armée
comme dans une ville cloſe, d'où
vous pouvez partir ſecrettement, avec

telles troupes qu'il vous plaît, pour exécuter toutes fortes de beaux deffeins, en laiffant votre bagage en fûreté. Le retranchement empêche l'ennemi de vous contraindre à combattre, que quand il vous plaît. Le retranchement vous fait être fans péril, à la tête des armées les plus redoutables. Le retranchement vous fait prendre de puiffantes villes, à la barbe de plus puiffantes armées que la vôtre. Bref, le retranchement s'infecte moins que les villages où on loge ; pource qu'on choifit une affiette faine ; & aux villages, la faut prendre comme elle fe rencontre : pource auffi qu'il eft plus airé : que les logemens y font mieux compartis : qu'on en éloigne plus facilement les chofes qui peuvent engendrer le mauvais air ; & qu'en effet une armée campée & retranchée, fubfiftera plûtôt trois mois faine dans un camp, que quinze jours dans les meilleurs villages. D'où je conclus qu'une des parties des plus nécessaires à la guerre, est de sçavoir bien camper & retrancher.

✳✳✳✳✳✳✳✳✳✳✳✳✳✳✳✳✳✳✳✳✳✳✳✳✳✳✳✳✳✳✳✳✳✳

CHAPITRE VII.

Des Batailles.

DE toutes les actions de la guerre la plus glorieuse & la plus importante est de donner bataille. Le gain d'une ou de deux acquiert ou bouleverse les Empires entiers. Anciennement toutes guerres se décidoient par les batailles, ce qui causoit les conquêtes si promptes. Maintenant on fait la guerre plus en renard qu'en lion, & elle est plutôt fondée sur les siéges que sur les combats. Néantmoins il y a encore aujourd'hui diverses Nations qui décident la plûpart de leurs guerres par batailles, comme les Turcs & les

Perfes : & même parmi les Chrétiens nous avons vû depuis peu donner diverfes batailles en Allemagne ; dont une feule avoit comme affervi tous les Princes Proteftans. Et une armée bien difciplinée , & qui ne craint point la bataille, a un merveilleux avantage en tous fes deffeins , contre celle qui la craint. C'eft pourquoi encore que la maniére de guerre d'aujourd'hui ne foit point fi fréquente à hazarder les batailles que par le paffé, il ne faut pas pourtant en négliger la fcience. Et un Général d'armée ne fe peut dire bon Capitaine, qu'il ne fçache tous les avantages qu'en jour de bataille on peut prendre, & tous les defavantages qu'on doit éviter, afin de s'en bien démêler. Je ne parlerai de la pouffiére , du Soleil & de la pluie, dont on remarque que plufieurs Capitaines fe font fervis, la mettant au nez de leurs ennemis en prenant le

deffus

deſſus du vent ; pource que ce ſont choſes caſuelles qui peuvent changer en un moment, & qui par conſé-quent viennent plutôt par hazard que par deſſein : mais de choſes plus ſo-lides.

Donc celui qui veut donner ba-taille, doit regarder à ſept choſes principales. La premiére, de ne ſe laiſſer jamais forcer au combat, con-tre ſa volonté. La ſeconde, de choi-ſir un champ de bataille propre pour la qualité & le nombre des gens de guerre qu'il aura. Car s'il craint d'ê-tre enclos par le grand nombre, il doit couvrir ſes flancs, ou pour le moins, l'un d'iceux, de la nature du lieu, comme d'une riviére, d'un bois, & autre choſe équipollente : & s'il eſt foible de cavalerie, il doit fuir les plaines ; comme les lieux étroits, s'il y eſt le plus fort. La troiſiéme, de ranger ſon armée en bataille ; en ſor-te que ſelon la qualité des ſoldats,

S

elle foit dans fon avantage , couvrant fa cavalerie par fon infanterie s'il en eft plus foible , & fi c'eft le contraire , fon infanterie par la cavalerie : difpofer tous les gens de guerre en tel ordre , qu'ils puiffent combattre diverfes fois , avant qu'être entiérement défaits. Car fi nous obfervons bien aux petites troupes de gens de guerre de ne les faire combattre tous à la fois ; & fi nous croyons que cent chevaux en deux troupes, en doivent battre deux cens tous en un ; & fi nous avons remarqué en nos jours , que diverfes batailles fe font gagnées par celui qui avoit fait une troupe de réferve , qui n'alloit au combat qu'après que toutes les autres avoient combattu; combien plus grand effet fera un fecond ordre de bataille , qui viendra à la charge après que toute l'armée ennemie aura combattu contre le premier ordre ; & encore plus une

troisiéme à l'imitation des Romains,
si les deux premiers sont défaits.
C'est une maxime que toute troupe,
quelque grosse qu'elle soit, si elle a
combattu, elle est en tel desordre,
que la moindre qui survient, est capable de la défaire absolument. Tellement que le Chef d'armée qui peut
conserver le dernier quelques troupes, sans avoir combattu, doit avec
icelle emporter la victoire : étant
une chose longue & difficile, de vouloir remettre en bon ordre une armée qui a combattu , pour combattre de nouveau ; les uns s'amusans
au pillage, les autres se fâchans de
retourner au péril , & tous ensemble étant tellement émûs, qu'ils n'en-
tendent ou ne veulent entendre nul
commandement. Au contraire, ceux
qui n'ont pas encore combattu, sont
dans l'obéissance, & prêts à faire tout
ce que leur Chef leur commande.
C'est pourquoi la science du Général

d'armée n'eſt tant à rallier des troupes en déſordre & éperduës; (qui
n'eſt proprement qu'une action de
courage) comme à faire combattre
ſes troupes bien à propos, les unes
après les autres, & non toutes à la
fois. Car il doit conſidérer qu'il ne
peut être bien obéi de ſes gens, que
juſqu'à l'heure qu'il les envoie au
combat. Après cela toutes les haran-
gues du monde ne les arrêtent pas
quand ils fuient ; mais ſi fait bien
une troupe en bon ordre. La quatriéme, d'avoir pluſieurs bons Chefs,
étant impoſſible qu'un Chef général
puiſſe ſuffire par-tout. Après avoir
bien choiſi ſon champ de bataille,
& mis en bon ordre ſon armée, il
lui eſt du tout impoſſible quand on
vient au combat, de pouvoir donner ordre que du côté où il eſt. Tellement que s'il n'eſt bien aſſiſté par-
tout, tant dans la cavalerie que dans
l'infanterie, quand il feroit des mer-

veilles où il se trouve, il ne peut répondre de l'ignorance des Chefs qui commandent les autres endroits de son armée : il faut donc au moins cinq principaux Chefs, pour bien faire combattre une armée ; à sçavoir trois, pour les trois corps d'infanterie, distingués par avant-garde, bataille, & arriére-garde, & deux pour la cavalerie qui est aux deux aîles. La cinquiéme, d'observer en votre ordre de bataille si bien vos distances, que les premiéres troupes étant renversées, ne se jettent pas sur celles qui les doivent soutenir, ni les secondes sur les troisiémes. La sixiéme, de mettre les plus vaillans soldats aux aîles de l'armée, & commencer la bataille par le côté où vous vous sentez le plus fort. Car si une fois vous rompez une des aîles des ennemis, vous les prenez en flanc & en queue, & est impossible qu'ils vous puissent résister. La septiéme &

derniére eſt de ne permettre la pour-
ſuite, ni le pillage juſqu'à ce que
l'ennemi ſoit rompu de tous côtés;
& encore qu'il ſoit bon de pourſui-
vre chaudement, il faut pourtant
avoir toujours des troupes en ordre,
qui ne ſe débandent point, afin d'é-
viter tous inconvéniens. Je ne parlerai point des avantages qui ſe peuvent rencontrer dans un champ de
bataille, deſquels un bon Capitaine
ſe ſert bien ſouvent avec grande
utilité; pour ce qu'il ne s'en peut
donner aucune régle certaine, à
cauſe que la diverſité des ſituations
eſt telle, qu'il ne s'en trouvera jamais deux toutes ſemblables.

CHAPITRE VIII.

Des Forteresses.

OR pource que le gain & la perte des batailles traîne après soi de telles conséquences, qu'elle donne ou ôte des Empires tout entiers, on s'est résolu d'opposer des places fortes aux Conquérans, pour arrêter avec peu de gens leur premiére furie, & ruiner leurs armées. Mais l'invention du canon étant venue, il fallut changer la maniére des fortifications, & même à cause de l'invention des petards, on a été contraint d'assûrer les portes des villes par herses, palissades, ponts-le vis & autres artifices ; pource qu'il n'y avoit place tant forte fût-elle, qui ne courût fortune d'être prise par cette nouvelle invention. Donc les meilleures forteresses contre le canon font celles qui fe font de terre; pource que quand elles ont l'épaiffeur néceffaire pour y réfifter, elles ne font fujettes à endommager les affiégés, comme font les fortifications faites de muraille, dont les éclats les défefpérent. Néantmoins quand un Prince peut faire la dépenfe de les revefter jufqu'au cordon, laiffant deffus le parapet de terre, à preuve de canon, la befogne en eft de plus de durée.

L'on doit obferver aux fortereffes quatre chofes principales; à fçavoir que la ligne de défenfe ne foit que de la portée du moufquet : que l'angle flanqué ne foit ouvert de plus de nonante degrés, ni ferré de plus de foixante : que la gorge du baftion ne foit trop étroite, & que le flanc foit le plus grand qu'on pourra. Et ces quatre maximes générales doivent être tellement proportionnées entre elles, que pour en faire une très-bonne, on ne détruife les autres. Il faut

faut auſſi éviter au corps principal de la fortification les tenailles , ſi ce n'eſt que l'aſſiette ſoit ſi petite, qu'elle ne vous permette de pouvoir faire de bons flancs. Car l'angle rentrant d'une fortification élevée comme elle doit être , ne peut être défendu par aucun flanc , & on s'y peut loger au pied , ſans être offenſé que de coups de pierre. C'eſt pourquoi on ne ſe ſert des remiſes qu'aux contreſ-carpes. Les foſſés ſe proportionnent d'ordinaire ſelon le terrain néceſſaire pour faire les fortifications , & ceux qui ſont pleins d'eau, ſont meilleurs pour empêcher une ſurpriſe ; mais les ſecs ſe défendent mieux contre une attaque. Leur largeur doit être pro-portionnée ; car quand elle eſt trop grande, elle éloigne trop les ouvra-ges de dehors, de la défenſe de la principale fortification ; mais la pro-fondeur ne gâta jamais foſſés. Les foſſés brayers s'attachent au corps de

T.

la fortification. C'eſt une nouvelle invention & excellente, pour empêcher qu'on aborde les baſtions avec des galleries. La contreſcarpe, demi-lunes, ravelins & cornes ſont au-delà du grand foſſé. Tous les ouvrages de dehors doivent, s'il eſt poſſible, être dominés par le corps de la fortification. Voilà en gros les principales obſervations qui ſe font aux fortifications, en un lieu plein & abordable. Le reſte dépend du jugement de l'Ingénieur, qui ſe doit ſervir utilement de la ſituation du lieu qu'il fortifie : ou en prenant ce qui lui eſt avantageux : ou en eſquivant ce qui lui eſt nuiſible. J'ajoûte encore qu'il y a des aſſiettes ſi favorables, que la nature les défend d'elle-même, & les rend plus inexpugnables que tout l'art du monde ; comme une roche inacceſſible, un marêt ou un lac. Mais chaque choſe a ſon incommodité. Rarement telles aſſiettes ſe ren

contrent aux lieux de frontiére : ou
sur quelque passage important : ou
capables de contenir une garnison assez forte pour donner jalousie à l'ennemi qui veut entrer dans un pays :
ou bien se trouvent si faciles à bloc-
quer, que cinq cens hommes dehors,
en assiégeront cinq cens dedans.
Ceux qui voudront sçavoir le détail
des fortifications, le trouveront dedans une infinité de livres où elles
sont décrites, & encore mieux dans
l'exercice de la guerre, où tous les
jours l'expérience y fait ajouter quelque chose.

CHAPITRE IX.

De la défense contre les Surprises.

APRE's avoir parlé des forteresses, il faut venir à la maniére de les garder ; & de ne les laisser

furprendre. C'eft une chofe certaine qu'on tâchera toujours de les prendre plutôt par furprifes, que par vive force ; pource qu'on y gagne la dépenfe & le temps. Mais à caufe que les furprifes font fondées fur les défauts qui fe trouvent en la place ou en la garde d'icelle, je commencerai à ce qu'il faut obferver pour fe défendre contre de telles furprifes.

Le Capitaine qui aura une place à garder, doit pourvoir à fix chofes principales ; & dont toutes les autres dépendent ; à fçavoir de mettre les murailles hors d'efcalade, les portes hors du petard, le chemin des rondes facile à faire, les fentinelles bien pofées, la garde bien exacte, & empêcher l'intelligence & trahifon. Pour les cinq premiéres, le chemin y eft battu, les livres en font pleins d'enfeignemens, & y en a aujourd'hui tant d'ordonnances de Princes par écrit & en ufage, qu'il faut être bien négligent, si on n'y pourvoit bien. Mais pour la derniére, les régles ne s'en peuvent donner si facilement. La trahison se commet par les bourgeois, ou par les soldats : le mélange des uns & des autres, soit aux gardes, soit aux rondes, ou bien aux patrouilles pour y apporter un grand empêchement : comme aussi du tirer au sort toutes les fonctions de la garde, d'en faire une par le dehors de la place, & d'avoir des espions parmi les ennemis. Faut redoubler la garde aux jours de foire & de marché durant la récolte, & sur-tout en vendange, pource qu'on épie volontiers ces temps-là pour former un dessein. Faut observer d'être en armes quand on ouvre & ferme les portes, & en quelque temps de paix que ce puisse être, ne faut jamais relâcher la garde en aucune de ses parties. Il y a encore un moyen d'éviter les intelligences ; à fçavoir, de former foi-même les entreprifes doubles , feignant de mécontenter un Officier , ou un fimple foldat, ou un habitant, qui s'allant rendre à l'ennemi, lui faffe entreprendre un deffein vrai-femblablement facile. Car outre le profit qu'on retire d'y attraper les plus hardis , vous en tirez encore cet avantage, que votre ennemi ne fonge à aucun autre , tandis qu'il efpère en celui-là ; pource qu'on entreprend toujours ce qu'on croit devoir réuffir plus affûrément. Ce qui fait voir combien font douteufes les entreprifes qui fe font par intelligence, foit à caufe qu'elles peuvent être doubles , ou bien par le défaut des traîtres, qui fur le point de l'exécution perdront courage , & découvriront tout, ou par leurs indifcrétions , en ne tenant leurs négociations fecrettes. C'eft pourquoi aux entreprifes par intelligence , il faut

que tant le défendant, que l'attaquant soient très-soupçonneux, &
fort diligens à remarquer les paroles,
actions & gestes de ceux qui pro-
mettent de vous servir, en trahissant
leur parti, & n'omettre aucunes précautions pour vous assûrer de leurs
personnes, afin qu'ils ne puissent
vous attraper : les ôtages des femmes & enfans n'étant toujours suffi-
sans, (ainsi que remarque Montluc à
l'entreprise sur Barges,) pource qu'il
se trouve des traîtres si résolus, qu'ils
hazardent tout pour venir à bout de
leurs desseins, & croient retirer leurs
gages, par les prisonniers qu'ils pré-
supposent de faire.

Reste à dire un mot des allarmes. On en peut user en deux maniéres. La premiére est plus ordinaire, de se ranger à la place d'armes
où se doit trouver le Gouverneur,
pour delà aller où la nécessité le requerra. La seconde, que chaque

compagnie fe range à fon drapeau, & de-là aille trouver fon efcouade qui eft en garde. Si la garnifon eft foible, l'efcalade facile, & le lieu grand ; cette derniére façon de fe porter à l'allarme eft la meilleure, pource qu'on va plus promptement à la défenfe des murailles. Mais en ce cas il ne faut avoir nulle défiance des habitans.

CHAPITRE X.

Des Attaques par furprifes.

LE s entreprifes des places fe font en diverfes maniéres, ou par petards , ou par efcalades, ou par des trous aux murailles, ou par fauciffes, ou par telles autres inventions qu'on cherche tous les jours d'augmenter, à mefure qu'on remédie à celles qui font trouvées. Mais pour les faire bien réuffir, l'on doit

être très-soigneux de trois choses ; à
sçavoir, de la reconnoissance, de la
conduite, & de l'exécution. Car par
le manquement de l'une d'icelles,
nous voyons toutes les entreprises se
faillir ; soit pour être prévenu par le
jour, ou bien pour être découvert de
trop bonne heure, ou pour manquer de quelque petard, ou échelle ; ou en l'exécution, pour s'y engendrer de la sorte. Pour la premiére,
qui est la reconnoissance, faut que
ceux qui y sont employés, s'infor-
ment exactement de la forme de la
garnison, & du nombre des bourgeois, & de leurs affections : qu'ils
remarquent aux portes, si pour y
aller il y a pont dormant : s'il est de
pierre ou de bois ; & en cas qu'il soit
de bois, prendre garde si on n'en ôte
point la nuit les planches : si ce pont
dormant n'a point de garde - fous.
Faut remarquer si le fossé est profond & large, & si en descendant

commodément dans le fossé, on pourroit éviter les ponts-levis, qu'on fait ordinairement fur les ponts dormans; ou fi par le bénéfice du fossé on pourroit pétardér la porte ou pont-levis de la place fans fléches, ou pont roulant. Faut bien reconnoître tous les empêchemens qui peuvent être devant le pont dormant: foit portes, barriéres, paliffades, ou bafcules, y ayant d'ordinaire un ravelin. Et fi on fait corps-de-garde la nuit, ou dehors, ou deffus le pont dormant; faut prendre garde combien de portes, ponts, barriéres, paliffades, bafcules, trébuchets, grilles, herfes, orgues, chaînes, & autres empêchemens il y a depuis la campagne jufques dans la ville, & comme toutes ces chofes fe ferment. Faut remarquer combien de pas de diftance il peut y avoir d'une piéce à l'autre, & à peu près la longueur, largeur & épaiffeur de toutes ces chofes, & en quels endroits elles fe trouvent; s'il y a des machecoulis fur la porte, ou des trous dans la voûte : combien il y a de corps-de-garde, & en quels lieux ils font, & comme quoi fitués : l'entrée eft droite, ou en détour : reconnoître le lieu des flancs, s'ils font à côté, ou par devant, ou par derriére, ou en haut, ou en bas : s'ils y tiennent du canon, & combien : & s'ils ne font que pour des moufquetaires, quel nombre s'y en peut loger, & en quelle diftance ils flanquent la porte. Reconnoître le chemin qu'on veut tenir depuis la ville d'où on part, jufqu'à celle qu'on attaque. Remarquer un lieu propre à demi-lieue d'icelle, pour mettre pied à terre : diftribuer les petards & autres inftrumens. Faut encore reconnoître les places & rues dans la ville qu'on doit faifir, tous les corps-de-garde qu'il faudra forcer,

& bien confidérer l'état des gens, & des chofes néceffaires, pour furmonter tous les obftacles qu'on trouvera. Si c'eft pour donner l'efcalade, il faut bien reconnoître les avenues, la contrefcarpe & le foffé, pour fçavoir fi on y peut arriver à couvert, entrer & fortir facilement du foffé ; fur-tout à l'endroit du lieu où on veut pofer l'efcalade, ou proche delà. Car fi après être entré dans le foffé, il faut aller long-temps autour de la place, l'entreprife s'en rend beaucoup plus périlleufe & difficile. Il faut fçavoir fi le foffé eft fec, ou gelé, ou avec eau peu profonde, fans boue & facile à paffer : fi la muraille eft baffe ou foible, qu'on la puiffe aifément écheller ou trouer, ou s'il y a quelque trou ou égoût, ou autres entrées ou forties d'eau mal gardées & foibles. Faut juger de la hauteur que doivent avoir les échelles, & prendre garde

comme elles peuvent affeoir le pied,
& s'il y a efcarpe, ou non : fi le lieu
où on veut donner, eft éloigné de
gardes ou de fentinelles : fi le lieu de
l'efcalade eft capable d'y dreffer beaucoup d'échelles, & entrer force gens
à la fois ; comme auffi étant fort
étroit, faut voir fi les premiers étant
entrés, ils peuvent s'accommoder fur
le rempart, pour fubfifter tandis que
les autres monteront. Faut encore reconnoître les diftances de la muraille
pour entrer dans ville, & pour aller
attaquer le corps-de-garde.

Pour la feconde qui eft la conduite, elle fe peut faire en deux manie-
res, en détail & en gros. En détail,
quand ce font des deffeins fur places
d'importance, & qui font bien avant
en pays ennemi, & dont les entreprifes font tenues fort faifables en
l'exécution. Car elles ne peuvent faillir fans mettre en péril éminent tous
les foldats qui y vont. C'eft pourquoi

il y faut apporter une grande prudence, y employer gens réfolus & fecrets;
parce qu'il y faut vaincre ou périr,
ce qui n'arrive pas aux entreprifes,
où on pourvoit auffi-bien à la fûreté
du retour que de l'aller. Le Maréchal
de Briffac en fit une étant en Pied-
mont fur le château de Milan, dont
la conduite fut excellente, & mérite
d'être remarquée ici, pour fervir de
leçon à ceux qui en voudront entreprendre de pareilles. Il choifit qua-
tre-vingts François, & quarante Italiens des plus braves & déterminés
foldats de toute fon armée, & donna pour Capitaine aux François, Sal-
vaifon, & aux Italiens, Pierre-Marie
de Recupérat de Brefignolle, qui é-
toient les deux feuls qui fçavoient où
on alloit. Puis il les fit venir cinq-à-
cinq au logis de fon Sécretaire, aufquels il fit donner à chacun vingt-
cinq écus, & aux Chefs de chaque
cinquaine on donnoit un mémoire,

lequel contenoit le lieu où ils devoient aller, & les journées qu'ils devoient faire, afin que les brigades ne se rencontraffent point. Le premier rendez-vous étoit à une caffine ou métairie fur les confins du Milanois, où Ludovic Birague s'étoit rendu quelques jours auparavant fort fecrettement, & en habit déguifé, pour donner l'ordre néceffaire à la conduite de ce deffein. La maniere de fe rendre à la métairie étoit, qu'au fortir de la vallée Camonica ou Bergamafque, la premiere cinquante ou brigade, & de main-en-main toutes les autres, trouvent un Payfan ayant un chapeau de paille avec deux plumes de Faifan, & auquel celui qui commandoit devoit demander, *ò buon compagno, voi-tu vender my quella capelina*, à quoi il devoit répondre, *Meffer no, ne ho bifogno per me.* C'étoit le mot du guet, lequel ainfi reconnu, le Chef fans plus dire mot fuivoit le Payfan, qui le conduifoît avec fa brigade à la métairie où étoit Ludovic Birague. De cette façon pafferent les fix-vingts foldats du Maréchal de Briffac fort fecrettement jufques-là. De cette métairie, il falloit gagner la maifon d'un Siennois proche de Milan (qui étoit celui qui avoit formé le deffein.) Pour cet effet ils paffoient comme deffus, cinq-à-cinq : & après avoir paffé la riviére d'Adde au port de Vaure, ils avoient mefuré le tems d'arriver vers la nuit au Pont de Navilio de Milan, proche du Monaftère des Anges : fur lequel Pont étant arrivés, le Chef de la brigade branloit une fonnette, au fon de laquelle lui étoit répondu par une femblable, & auffi-tôt fortoit de deffous le Pont, le Siennois, auteur de ce deffein, qui conduifoit la brigade chez-lui ; & continua toutes les nuits de cette façon, jufques à ce que la troupe entiére

tiere eût paſſé ; qui eſt une choſe remarquable d'avoir fait couler de Pied-
mont ſix-vingts ſoldats juſques aux
portes de Milan, ſans être découverts,
& ſans que juſques-là nuls, hormis
Salvaiſon, & Pierre-Marie de Recu-
perat, ſçûſſeut où on alloit, ni où on
étoit. Quant à la conduite en gros,
qui eſt la plus ordinaire, il faut me-
ſurer la longueur du chemin, juſques
au lieu ſur lequel on a deſſein, avec
le tems qu'il faut employer pour arriver à point nommé à l'exécution ;
à quoi on ſe trompe ſouvent, pource
qu'il arrive d'ordinaire des cas imprévûs qui allongent le tems. De façon que quelques meſures que vous
preniez, ſans une grande expérience
en tels voyages, vous trouvez ordinairement le tems trop court, ſur-
tout ſi vous avez à conduire une groſſe
troupe. Car pour faire filer la nuit
deux mille hommes, les altes qu'il
convient faire à la tête pour atten-

dre la queue ; & ceux qu'un chemin
étroit ou fâcheux, ou coupé d'un ruiſ-
ſeau vous oblige de faire, ſont tels,
& vous font perdre tant de tems, que
ſi vous n'êtes fort diligens à faire
marcher, & que vous n'ayiez fait reconnoître le chemin, & pourvû à toutes ces choſes, vous trouverez que
vous n'avez pas du tems à demi. Je
n'y ajoute point les grandes pluies &
gelées, qui ſont parfois ſi inopinées
& extraordinaires, que quelque prévoyance que vous ayiez apportée au
reſte, il eſt impoſſible de les ſurmonter. Après avoir ajoûté le tems avec
le chemin, il faut ſe pourvoir de bons
guides, & en avoir le plus qu'on
pourra : puis former votre ordre avant
le partement, comme il doit être à
l'exécution, & bailler par écrit à
chacun le commandement de ce qu'il
doit faire, & en tenir regiſtre. Car ſi
vous le remettez à faire au lieu où on
met pied à terre, & où on accom-

mode tout l'équipage, (qui eſt d'ordinaire à demi - lieue de la place) la
nuit incommode en telles choſes, le
lieu qui peut-être ne ſera ſpacieux
ni commode pour faire l'ordre , les
contentions qui peuvent ſurvenir ,
ſur la jalouſie d'honneur entre les
gens de guerre , & divers autres accidens imprévûs qui naiſſent , ſont
capables de faire faillir le deſſein.
Ces choſes étant réſolues dès le partir , & n'y ayant plus rien à changer
à l'ordre , il eſt tout certain que c'eſt
le moyen d'éviter tels obſtacles. J'a-
joute que ſi c'eſt d'une ville d'où l'on
parte , faut tenir les portes fermées
long-tems devant & après , & faire
ſortir les troupes de jour , afin qu'on
voie que perſonne ne ſorte , que
ceux de l'entrepriſe. Et vaudroit
mieux puis après faire faire alte aux
troupes au-delà de la porte , ou en
quelque lieu proche à couvert. Quant
à l'ordre , il faut faire paſſer quelque

V ij

cavalerie toute la premiére, dont les coureurs ayant charge de s'avancer affez loin, & d'arrêter toutes fortes de perfonnes en quelque part qu'elles aillent, afin d'empêcher qu'on ne donne avis à la ville qu'on veut attaquer. Sur-tout s'il y a quelque Pont ou paffage par où inévitablement il faille paffer, il faut le gagner. Après doivent fuivre cinquante Moufquetaires, puis l'attirail, les pétards ou échelles, & enfuite les gens qui font choifis pour les porter : lefquels doivent être triples, pour fe foulager les uns les autres, & pour fe fubftituer les uns aux autres en cas de bleffure, ou de mort. Et faut que ce foient gens d'exécution, & les plus hardis & entreprenans de la troupe. Car de ces premiers dépend d'ordinaire le bon ou mauvais fuccès. Faut auffi porter double équipage de pétards, pource que tous ne font l'effet qu'on fe propofe, & fouvent faute

d'un pétard se sont faillies de belles
entreprises : de même des échelles,
lesquelles souvent sont rompues par
les ennemis, ou se rompent pour être
trop chargées. Ensuite il ne faut faire
aucune troupe de plus de cinquante
soldats ; à sçavoir, cinquante Mous-
quetaires, puis cinquante Picquiers,
& ainsi consécutivement. Car il faut
considérer que les premiers combats
sont dans les rues étroites, & la nuit.
De façon que les grosses troupes n'apportent que du désordre. Et si l'on
trouve des rues plus larges que l'ordre qu'on a formé, faudra joindre
deux troupes ensemble, afin d'occuper toute la largeur de la rue. Faut
que chaque troupe ait des Officiers
devant & derriére, & les Sergens aux
côtés, pour les tenir en devoir, & les
empêcher de s'écarter, ou se jetter au
pillage. Faut encore remarquer en
l'ordre qu'on fait partant du logis,
que si l'on fait diverses attaques, il

faut que les Chefs, les Soldats, &
l'équipage foient diftingués en autant
de troupes qu'on fera d'attaques,
& qu'elles marchent felon l'ordre
qu'elles doivent attaquer. A toutes
entreprifes, fur-tout à celle où la retraite eft dangereufe & longue, il faut
faire plus d'état des bons hommes,
que de la quantité. Car une petite
troupe peut partir de plus loin : marcher plus fecrettement, & fe retirer
avec moins de péril & de confufion
qu'une groffe troupe. De plus, une
petite troupe avec force gens de commandement, eft en l'exécution plus
obéïffante, & engendre moins de défordre qu'une groffe troupe. J'ajoûte
qu'aux entreprifes de nuit, avec une
petite troupe, vous effrayez autant
les ennemis qu'avec une groffe. Car
c'eft une maxime, que ceux qui font
furpris & attaqués combattent en
crainte, préfuppofant toujours qu'on
les attaque avec forces fuffifantes.

Bref, si vous vainquez avec une petite troupe , vous en avez plus de
gloire qu'avec une grosse , qui bien
souvent vous embarrasse, & au combat, & au marcher , & à la retraite :
& si vous êtes battu , vous en avez
moins de honte.

Quant à la troisiéme, qui est l'exécution , tout l'ordre s'en doit donner
par écrit , afin que nul de ceux qui
ont quelque commandement à l'entreprise , ne se puisse excuser d'avoir
mal entendu. Si c'est par escalade , il
faut deux hommes pour porter chaque piéce d'échelle ; & pource qu'il
est comme impossible d'exécuter un
lieu où il faille plus de cinq piéces
d'échelles de hauteur , il suffit de dix
hommes pour les échelles , & un
homme pour les commander. Les
hommes de chaque échelle doivent
être marqués dans un rolle par leurs
noms , surnoms , & de quelle compagnie ils sont : leur faut comman-

der fur peine de la vie de rapporter
leurs échelles , fi on ne peut prendre
la place. Car voyant le péril & la
peine de les rapporter , ils aimeront
mieux faire leur effort d'y entrer.
Plus , faut commander dix autres
hommes , pour entrer après les dix
premiers , qui auront un Chef à la
tête, & l'autre à la queue , pour prendre garde qu'on monte fans perdre
temps , & fans trop fe hâter. Car autrement on charge tant les échelles,
qu'elles rompent : puis en faut encore mettre d'autres dixaines commandées & féparées comme les premiéres. Et chaque dixaine doit fçavoir par quelle échelle elle doit monter , & en quel rang , afin que tout
fe faffe fans confufion. La premiére
dixaine qui fuit fon échelle, en doit
porter une autre , encore qu'elle
n'ait pas l'ordre de la dreffer ; afin
que fi quelque piéce de la premiére
rompoit, on en puiffe remettre une
autre.

autre. Si c'est par petard, le Pétardier appellera celui qui doit apporter le madrier : après on en appellera trois pour le petard, deux pour le porter, & le troisiéme pour les assister en cas de besoin : & si le madrier est attaché au petard, les quatre se soulageront de deux en deux. Et les deux qui ne porteront le petard avec son madrier, auront chacun un grand marteau de Maréchal. Après ces quatre, le Pétardier appellera deux portans chacun une grande hache : puis un autre qui portera un pied de chévre : puis un autre qui portera une lanterne sourde : puis un autre avec trois ou quatre bouts de méches allumées : outre lesquels il faut celui qui leur commande, lequel portera un tire-fonds, ou de bons cloux & une masse. De façon que pour bien servir chaque petard, il faut dix hommes. Cette file de dix pour le premier petard, sera con-

X

duite par quelque brave Sergent, qui
aura par écrit le nom de chacun de sa
file, & sçaura aussi ce que chacun
d'eux portera. Les hommes doivent
connoître le mulet qui porte leur équipage ; & dès qu'on sera au lieu où l'on
doit décharger, se doivent ranger autour du mulet, afin de recevoir chacun ce qu'il doit porter. Si le second
petard doit s'appliquer à une porte ou
à une barriére, ceux qui le porteront
feront en même ordre que ceux du
premier petard : mais si c'est pour un
pont-levis, le pont volant ou flé-
che, marche le premier, avec sept ou
huit hommes qui sont employés tant
pour le porter, que pour le pousser.
Après quoi sera porté le madrier &
petard par le même ordre que les
premiers : puis suivront à la file &
bien serrés, ceux qui porteront les
échelles planchées pour jetter sur la
brèche que le petard aura faite au
pont-levis : puis suivront ceux qui

porteront marteaux , haches , tenailles , inſtrumens pour arracher les
verroux , & couper chaînes : puis
quelques - uns avec piques à feu &
grenades, & quelques lanternes four-
des. L'Officier qui aura la conduite
de cela , prendra garde que perſonne
ne perde ſon rang , & les diviſera en
files , & aura ſoin de faire prendre
à ceux qui reſteront , les portions de
l'équipage qui portoient ceux qui ſont
bleſſés ou tués ; leſquels il fera mettre ſeulement hors du chemin , ſans
permettre que ceux qui ſont employés au ſervice du petard , s'amu-
ſent à emporter aucun mort ou bleſſé. A toutes les portes & ponts , faut
diſpoſer les gens en même ordre.
Mais lorſqu'on va aux grilles ou orgues , faut faire marcher les premiers , ceux qui portent les cheva-
lets ou traiteaux : enſuite marche le
madrier & le petard : après quoi ſuivent les marteaux, haches , pied-de-

chévre, & autres inftrumens qu'on a jugé pouvoir fervir. Ne faut oublier de porter bales à feu, grenades ou piques, fi on a reconnu qu'on s'en puiffe fervir. Et tous porteront des haches à la ceinture, & faut avoir plutôt grand nombre d'inftrumens, que manquer d'un. Ayant ainfi mis le tout par ordre, & des Officiers aux aîles & à la tête de chaque file, on aura encore des petards, madriers & autres inftrumens de réferve, que l'on fera marcher en même ordre que les autres. Car il faut toujours avoir un double équipage. Lorfqu'on eft près du lieu où l'exécution fe doit faire, on diftribue à chacun ce qu'il doit porter : le Sergent les met en file, & leur commande de bien fuivre chacun fon homme : puis il les fait marcher en avant, pour faire place à ceux du fecond petard ; & ainfi conféquemment de tous les autres, y ayant un

guide à la premiére file pour montrer le chemin. Et afin de ne s'em-
barrasser point, on fait quelquefois
marcher dix hommes d'armes devant
à pied, pour reconnoître si l'ennemi n'eſt point ſur les avenues : après
ſuivent trois hommes portans de
bonnes rondaches, pour couvrir entr'autres le petardier : puis marchent
ceux qui portent les petards & autres attirails en l'ordre qui a été dit,
leſquels feront ſuivis de cinquante
mouſquetaires, conduits par un Capitaine, pour tirer aux défenſes, s'il
eſt beſoin, avec de groſſes dragées.
Il prendra garde qu'en marchant
perſonne ne demeure en chemin.
Quand l'ennemi demande qui va là,
il faut hâter le pas, & lors le Pétardier prend le premier petard avec
lui, & faut que les autres ſuivent de
fort près, afin que quand le premier
aura joué, le ſecond ſoit prêt à mettre entre ſes mains. Les dix Cava-

liers qui auront marché devant tout l'équipage jufques-là , n'avanceront pas plus que la portée du piftolet de la premiére barriére : puis ils fe retireront avec le Capitaine qui méne les cinquante moufquetaires. Le premier petard ayant joué , l'Officier fera mettre fes gens & à droit & à gauche pour donner paffage au fecond petard : puis celui-là en fera de même , pour donner paffage au troifiéme : puis celui-là au pont volant, & ceux-là aux petards & autres inftrumens , & conféquemment tout le refte. Et faut que ceux qui font déchargés , affiftent les autres fans mener bruit. Et fi le Pétardier demande quelque chofe; faut que celui qui la porte foit prêt à lui donner ; n'étant permis à aucun , fur peine de la vie , de quitter le rang où on aura été mis , que pour porter au Pétardier ce qu'il lui demandera , ou pour fe fubftituer à la place de celui qui

lui portant quelque chofe auroit été
bleſſé ou tué. Les Officiers doivent
avoir ſoin que le Pétardier ſoit in-
continent ſervi, & que tout ſe faſſe
ſans bruit & confuſion. L'ouverture
étant faite, il faut que ceux qui ſe-
ront commandés pour la premiére
pointe, ſoient prêts à entrer & forcer ce qui leur fera réſiſtance : ceux
qui doivent les ſuivre ſemblable-
ment, & conféquemment tous ceux
qui ont à exploiter quelque choſe. Et
quand on eſt dedans, il ne faut pas
que les premiers entrés s'écartent
avant dans la ville, (tandis qu'ils
feront encore foibles) ſoit en ſuivant
les ennemis, ou même en ne les
trouvant point : mais faut faire deux
gros, l'un pour agir, l'autre qui ſe
doit ſeulement mettre en bataille
pour ſoutenir. Et cela fait, faut
marcher en bon ordre, les uns à
forcer ce à quoi ils ſont ordonnés :
les autres à s'aller mettre en ba-

X iiij

taille aux rues & places , qu'on a
réfolu devoir être faifies fur le plan
& deffein de la ville, fur lequel toute
l'attaque doit avoir été défignée.
Car bien que quelquefois il ait réuffi
de fuivre promptement les ennemis
pour peu de gens que l'on foit dedans ; ce n'eft pas pourtant la plus
fûre voie, parce qu'ils peuvent être repouffés par peu de gens : ce qui a fait
faillir fouvent de belles entreprifes.
Faut auffi avoir un troifiéme corps, qui
demeure en bataille dehors pendant
l'exécution ; afin que fi ceux qui font
entrés dedans étoient repouffés , ils
les foutiennent : ou bien pour remédier aux accidens qui pourroient furvenir de quelques troupes ennemies ,
qui par hazard arriveroient en ce
lieu-là. Si on eft entiérement repouffé , cette troupe de dehors fera la
retraite , & demeurera ferme en bataille , jufqu'à ce qu'on ait recueilli
& remis en ordre les troupes repouf-

fées. Mais fi ceux qui font entrés fe rendent maîtres de la place, ledit bataillon de dehors fe féparera aux entrées d'icelle pour les garder. Cela fait, faut défarmer les habitans avant que de quitter les armes. Et s'étant bien affuré de tous les corps-de-gardes & places commodes, faut départir les logis, afin que chacun ait fa part du butin, n'étant permis de butiner par autre ordre, & faut punir févérement ceux qui commenceront le pillage. Par ce moyen on peut départir les meilleurs logis à ceux qui l'ont le mieux mérité, & faire le refte par le fort, auquel perfonne n'a à fe plaindre, que de fon malheur. S'il eft befoin aux lieux qui s'attaquent par échelles, on difpofera des troupes de moufquetaires, qui tireront perpétuellement aux flancs, & on y appliquera, fi l'on peut, lances à feu : Et ceux qui tireront au-deffus de l'échelle, doivent ceffer lorfque

leurs gens commencent à monter.
J'ai été plus particuliérement en ce
chapitre, qu'aucun autre ; mais où
faut tant d'entreprises pour l'inob-
fervation de la moindre de ces chofes, que j'ai mieux aimé en cet endroit être un peu plus long , que de
les omettre.

CHAPITRE XI.

De l'Attaque par fiéges.

AUX deux Chapitres des furprifes, j'ai commencé à traiter des
moyens de fe défendre ; pource qu'on
n'entreprend jamais de vouloir furprendre une place , que fur les défauts qui s'y trouvent. Si bien que
celui qui ne fçait par où, ni en quelle
maniére on le doit attaquer , doit
être préparé à toutes fortes d'accidens. En ces deux-ci je commence-

rai à traiter de l'attaque des places par siéges , pource qu'il faut voir par où, & en quelle maniére on vous attaque, pour y opposer une bonne défense.

On entreprend les siéges ou par blocus pour affamer les places, ou de vive force. Pour l'un & pour l'autre, il faut être le plus fort en campagne , & avoir deux armées , l'une pour empêcher l'ennemi de rien entreprendre , & l'autre pour former votre siége, ou en tout cas être le premier en campagne; afin de vous fortifier tellement devant la ville assiégée, que vous puissiez vous y maintenir malgré les efforts de vos ennemis. Pour avoir bon marché de la ville qu'on veut assiéger , on tâche de la surprendre dépourvue de gens de guerre. Pour cet effet, on use de toutes sortes d'artifices pour ôter la connoissance qu'on la veuille attaquer, puis tout d'un coup on la blo-

que. Mais fi nonobftant tous ces ftra-
tagêmes, on ne la peut furprendre
dépourvue, ou qu'on appréhende
trop la dépenfe, il vaut mieux faire
un autre fiége de moindre importance. Car une place bien opiniâtrée,
eft la ruine d'une armée : & fi on ne
la prend, elle diminue fouvent la
réputation du Capitaine qui l'attaque.
C'eft pourquoi avant que de l'entreprendre, il faut bien y penfer, & fe
pourvoir abondamment de toutes les
chofes néceffaires pour la faire.
Quand on forme le fiége, il faut pofer les quartiers autant qu'il fe peut
en lieu fain, & être foigneux de les
faire fpacieux & de les tenir nets. Car
c'eft au féjour qu'il faut appréhender
que les maladies ne défaffent une armée. Il faut pofer les quartiers de
l'armée le plus près qu'on peut de la
ville affiégée, fans néantmoins qu'ils
puiffent être incommodés de leur artillerie. Que fi l'affiette eft pleine, &

qu'elle découvre tout autour, ils doivent être posés hors de la portée du canon. On fait autant de quartiers qu'on veut faire d'attaques, ou bien que la grandeur de la ville assiégée, ou la situation d'icelle le requiert. Néanmoins je voudrois que le quartier du Général fût capable de recevoir, en cas de besoin, toutes les troupes des autres quartiers. Si on fait un siége avec une petite armée, & que la garnison soit forte, il faut fortifier les quartiers l'un après l'autre, avec tout le corps de l'armée; Et en ce cas, en faut faire moins, & moins d'attaques. Mais si on se sent assez fort, on abrége bien la besogne de les faire tous à la fois. Outre cela, il faut faire une circonvallation, avec forts & redoutes, hors la portée du canon des assiégés, qui joigne tous les quartiers les uns aux autres : derriere laquelle votre armée se puisse présenter en bataille. Et

elle doit être conduite de telle forte
qu'elle occupe toutes les domina-
tions ; & même fi la garnifon de la
ville affiégée eft fi forte, qu'on re-
doute d'être attaqué des deux côtés,
il faut faire une feconde circonvallation autour de la place le plus près
qu'on peut, afin qu'il faille moins
de gens pour la garder. Car étant
faite pour s'oppofer à la ville, on
n'appréhende plus de la faire hors la
portée du canon. Pour l'ouverture
des tranchées, on y apporte plus ou
moins de cérémonies, felon que la
garnifon eft forte ou foible. Si elle
eft forte, on commence par un bon
fort, & on continue de bonnes redoutes le long des tranchées, ne
laiffant dedans icelles que des fentinelles. Car c'eft une erreur ancienne
de penfer défendre des tranchées.
Si la garnifon eft foible, on n'y fait
pas tant de cérémonie, afin d'abréger
le temps. Les batteries doivent être

bien fermées par de bons foſſés, &
flanquées de bons corps-de-gardes,
pour les conſerver contre les ſorties
des aſſiégés. S'il y a quelques ouvrages de dehors qui ne ſoient pas
encore en bonne défenſe, & qu'on
les puiſſe emporter de force, il faut
le tenter : ſinon, il faut y venir pied
à pied. Car c'eſt là que ſe fait la plus
gaillarde défenſe, à cauſe qu'à ce
commencement les ſorties ſont plus
faciles à faire. Quand les dehors
ſont emportés, que le canon eſt logé
ſur la contreſcarpe, qu'on fait les
deſcentes dans le foſſé, & qu'on ſe
prépare à paſſer les galeries pour
s'attacher aux baſtions, c'eſt lorſqu'il faut faire des logemens de
mouſquetaires tout le long de la contreſcarpe, afin qu'à la faveur d'i-
ceux & de votre canon, on puiſſe
paſſer les galeries. Si les foſſés ſont
ſecs, on vous les diſpute ; mais enfin le fort emporte le foible : s'ils ſont

pleins d'eau dormante, elle n'empêche point de faire la chauſſée ſur laquelle on poſe la galerie : s'ils ſont
pleins d'eau courante, il ſe faut ſervir de ponts flotans pour paſſer vos
mineurs : quand on eſt attaché aux
baſtions, on ſe ſert de mines grandes ou petites, pour gagner pied à
pied le terrain & les retranchemens qu'on fait derriére. Je ne m'a-
muſe ici à dire comme quoi doivent
être faits les quartiers, les forts, les
circonvallations, les tranchées, afin
qu'elles ne ſoient point enfilées : les
batteries pour être ſûres : les deſcentes dans le foſſé; comme quoi on
attaque les fauſſes braies : comme
quoi ſe font les galeries, les mines &
les logemens qu'on fait après qu'elles ont joué. Pource que ce qui ſe peut
écrire là-deſſus, eſt écrit, & qu'il faut
que l'expérience apprenne le reſte,
où tous les jours on change, ou on
ajoûte quelque choſe de nouveau.

CHAPITRE

CHAPITRE XII.

De la défense des places contre les Siéges.

POUR bien soutenir un siége, il faut que la place soit bien fortifiée : qu'elle ait le nombre de gens de guerre suffisant pour la défendre : qu'elle abonde en vivres, & qu'elle ait quantité d'armes & de munitions de guerre. Et ces quatre choses sont si nécessaires, que quand trois d'icelles seroient en abondance, si l'une manque le reste ne sert de rien. Car de quoi sert une place bien forte, s'il n'y a des Soldats pour la défendre ; ni des Soldats s'ils n'ont ni armes, ni munitions de guerre pour combattre ; ni des armes & munitions, s'ils n'ont pas de pain pour vivre ? A quoi j'ajoûte les instrumens à remuer la terre, sans quoi il est impossible de faire une grande réſiſtance. Mais ce n'eſt pas tout d'avoir ce qui eſt néceſſaire pour réſiſter ; il faut en être bon œconome , autrement tout ſe diſſipera par ceux qui veulent ſortir prompte-ment du péril , & faire naître un pré-texte de ſe rendre , qui ne ſoit point honteux, le nombre deſquels eſt tou-jours plus grand , que de ceux qui veulent réſiſter opiniâtrement. Faut départir le travail & le repos aux Soldats & aux habitans, afin que ceux qui ſont de bonne volonté ne ſuc-combent pas , & que les autres ne croupiſſent dans l'oiſiveté. Faut diſ-tinguer par Compagnies les Pion-niers , Mineurs , Charpentiers , For-gerons , & tous artiſans utiles à un ſiége , leur donnant à chacun leur Chef. Faut faire inventaire dans la ville de tout le fer, le bois, la toile, les inſtrumens à remuer la terre, les drogues propres à faire feux d'artifi-ce , & autres telles choſes néceſſai-

res à un siége ; & que d'icelles il y en
ait toujours dans les magasins, pour
s'en servir à la nécessité présente, &
pour éviter le désordre à la distribu-
tion de toutes ces choses. Faut un
Conseil qui en ait la surintendance,
& qui les fasse délivrer & retirer selon l'ordre du Gouverneur & Conseil de guerre. Après avoir ainsi ordonné ses affaires, faut songer à la
défense, laquelle se fait principalement en deux maniéres ; tenant l'ennemi éloigné par retranchement, &
l'incommodant· quand il s'approche,
par sorties.

Pour la premiére elle est approuvée
& pratiquée de tous, & celui qui re-
mue mieux la terre, & qui de plus
loin commence à la disputer ; c'est
celui qui résiste le plus long-tems.
Car le moindre retranchement de dehors accommodé de palissades, est
difficile à forcer. Mais s'il est miné,
& qu'il y en ait un autre fait par der-

riére, c'eſt une choſe dangereuſe à aborder, & on contraint l'ennemi d'y venir pied-à-pied, & avec les mêmes cérémonies qu'on fait pour aborder les baſtions & le grand foſſé. Si bien que par divers retranche-mens, on tient long-tems l'ennemi éloigné avant qu'il puiſſe aborder la contreſcarpe. Lequel ne peut nous en-lever tels ouvrages de dehors que par mines, à quoi il y a beaucoup de lon-gueur. Le foſſé auſſi ſe défend quand il eſt ſec par caſamates portatives (que nous appellons coffres,) entour-nées de petits foſſés ou paliſſades pour empêcher l'abord, qu'on met en di-vers endroits du grand foſſé pour la défendre, & n'être point vû du ca-non de l'aſſaillant. Les baſtions ſe dé-fendent encore par retranchement qu'on fait, ou à la pointe, ou au mi-lieu, ou à la gorge, ſelon qu'ils en ſont capables, & que les mines des aſſiégeans entrent avant dedans les

baſtions. Et quand tout cela eſt forcé, la derniére défenſe eſt un retranchement de la ville entiére, ſe ré-
duiſant à en garder une partie ſeulement.

La ſeconde maniére de ſe défendre, qui eſt la quantité des ſorties,
je la vois réprouvée de la plûpart qui
ſe contentent faire faire de fauſſes
ſorties ; pour détourner ceux qui tra-
vaillent aux approches, & en font
ſeulement quelqu'une tout de bon à
la grande néceſſité ; alléguant que
les aſſiégés y perdent toujours des
hommes & des meilleurs, leſquels ils
doivent conſerver pour un grand
effort : & que ſouvent ceux qui veulent avoir un prétexte honorable de
ſe rendre, font eſtropier leurs Soldats
en continuelles ſorties, pour montrer qu'ils ne ſe rendent que par néceſſité. Pour moi, qui approuve la
quantité des ſorties ; & qui par icelles
ai vû toujours retarder les ouvrages

des attaquans, plus en une heure qu'en huit jours, après les autres défenses ; je réponds, que ces raisons avoient apparence , quand on attaquoit les places par assaut. Car ne se prenant en ce tems-là que par cette voie, il falloit conserver les Soldats pour les soutenir. Mais maintenant qu'on gagne le terrain pied-à-pied, si vous ne le défendez que par retranchemens, il faut enfin le perdre ; à quoi la quantité de Soldats ne vous sert de rien. Si bien que le soin que vous avez eu de les conserver, n'allonge pas votre prise d'un jour. Mais si par vos braves sorties vous ruinez des batteries, enlevez des tranchées, forcez des redoutes qui les défendent, & quand ils sont dans le fossé , brûlez leurs galeries; il faut qu'ils recommencent leur besogne tout autant de fois que vous la leur ruinez. Si bien que l'assiégeant se voyant ainsi reçu, il s'approche avec beaucoup

plus de cérémonie, & enfin les Soldats fe rebutent. Tellement que pour
mon opinion, j'eftime fort que les
affiégés faffent fouvent des forties ;
mais il faut qu'elles fe faffent en diverfes heures, afin de mieux furprendre l'ennemi avec peu de gens : (mais
réfolus) pour éviter le défordre à la
retraite, & ne faire autre chofe que
ce qui eft commandé. Car encore
qu'on ne trouve pas d'abord de réfiftance, comme c'eft l'ordinaire, fi
vous tardez mal-à-propos, vous cou-
rez fortune d'être mal - mené fur la
retraite. Les autres particularités de
la défenfe, dépendent de celles de
l'attaque, qui apprend par néceffité
aux affiégeans ce qu'il faut qu'ils faffent, à quoi il n'y a que la pratique
& l'expérience qui puiffe bien guider.

CHAPITRE XIII.

De l'Artillerie.

IL est à propos de parler de l'Artillerie après les siéges, puisque c'est principalement avec elle que les places se prennent, & que depuis qu'elle est en usage, il ne s'en trouve plus d'imprenables, si elles ne sont inaccessibles. Elle a changé toute la forme & la maniére des fortifications. Car au lieu des tours & des murailles anciennes, qui ne lui ont pû résister, on fait des bastions & autres ouvrages de terre. On peut même dire qu'elle a en quelque façon changé la maniére de faire la guerre. Anciennement on commençoit les approches des villes, par où maintenant on les finit. Car du premier jour on se logeoit sur le bord du fossé, & à cette heure, il faut faire un grand chemin

chemin avant d'y venir. Alors on faisoit la circonvallation hors de la portée des fléches seulement ; maintenant il faut qu'elle se fasse hors de la portée du canon. Il n'importoit alors que les forteresses ou camps d'armées fussent dominés, pourvû qu'ils eussent leurs autres commodités; aujourd'hui il faut prendre garde que sur toutes choses, ils ne le soient point. En ce tems-là, on menoit paisiblement deux armées en bataille à deux ou trois cens pas l'une de l'autre, & y demeuroient des jours entiers sans en pouvoir être délogées, que par le hazard d'un combat général ; maintenant on ne peut être l'un devant l'autre que hors la portée du canon. Autrement celui qui en a le plus, ou qui l'a le mieux logé, chasse l'autre sans combattre. En ce tems-là un Général d'armée pouvoit connoître de près l'ordre de son ennemi, former le sien selon icelui, chercher

Z

ſes avantages ſur les défauts d'autrui, & le tout ſans péril. Maintenant ces choſes ne ſe peuvent plus remarquer, que de ſi loin, qu'il vaut mieux s'aſ-ſûrer ſur ſon bon ordre, que ſur le défaut de celui de ſon ennemi. En ce tems-là une armée en pouvoit atta-quer une autre ſans perdre ſon ordre; pource qu'elle n'avoit que deux ou trois cens pas à faire ; en cettui-ci il eſt impoſſible de le maintenir à la vûe de l'ennemi demi-lieue durant, & de trouver une plaine qui ſoit unie & ſans aucun empêchement. A quoi j'ajoute que ſans un grand exercice à marcher en bataille, on ne ſçauroit faire mille pas ſans perdre toutes les diſtances des bataillons & eſcadrons, & par conſéquent ſans être en con-fuſion. Puis donc que le canon eſt de ſi grand uſage à la guerre, & a tant de part à la victoire, il eſt néceſſaire de s'en ſçavoir bien ſervir. C'eſt une machine que tous ne peuvent pas bien employer. Car elle eſt de grande dépenſe, & n'appartient qu'aux grands & puiſſans Etats, d'en uſer ordinairement. Elle oblige à un grand attirail, étant beſoin de cent chevaux d'Artillerie pour traîner par tout pays un canon de batterie, & pour pouvoir tirer ſeulement cent coups. Par-là on peut juger ſelon le nombre qu'on en peut mener, quelle file elle occupe. Pour bien exécuter une piéce de batterie, il faut dix-huit hommes. Outre cela combien de Forgeurs, Charrons, Maréchaux, & autres ouvriers faut-il à la ſuite, pour redoubler les affuts : combien de Charpentiers pour faire des Ponts : combien de Pionniers pour r'accommoder les chemins. Bref, une armée qui traîne canon ne peut marcher que peſamment, & celle qui n'en a point, ne peut faire grand effet. C'eſt pourquoi aujourd'hui l'Artillerie eſt une choſe eſſentielle à une armée. Mais

auffi fi le Général fe laiffe trop appro-
cher , fans fe retrancher ; il eft im-
poffible de pouvoir fe démêler fans
combattre , ou la perdre , ce qui ne
peut arriver fans perdre beaucoup de
fa réputation. Pour cet effet , il doit
s'inftruire très - particuliérement de
tout ce qui dépend de l'Artillerie , &
afin de n'être point trompé, en fçavoir
le menu jufques aux moindres chofes ; à fçavoir de l'alliage , de la
fonte, de fa proportion, de fon poids,
de fon calibre , de fon affut , de quel
bois il doit être : comme quoi on doit
la conduire felon les divers chemins,
fangeux ou montueux : comme quoi
paffer les riviéres : comme quoi affûrer les batteries , tant contre le canon de l'ennemi, que contre fes forties : quelle place il faut à fon canon
pour fon recul, quelle diftance entr'eux : comme quoi la platte forme
doit être faite , de quelle diftance les
batteries font bonnes , & autres cho-

fes dont je ne fpécifie point ici le particulier, pource que d'autres l'ont écrit.
Il me fuffit de faire voir l'ufage de
l'Artillerie, fa dépenfe, fon embarras, & à quoi elle vous engage; afin
d'inciter les Généraux de ne fe rapporter fur autrui, & d'en fçavoir fi
bien l'utilité & l'incommodité, qu'ils
fe fervent de l'un à leur avantage,
& évitent l'autre par leur prévoyance.

CHAPITRE XIV.

Du Bagage & des Pionniers.

APRE's le grand embarras de
l'Artillerie, je dirai un mot de
celui du Bagage. C'eft une grande
honte de le perdre; mais c'eft auffi
une grande peine de le conferver
quand il eft exceffif, n'y ayant rien
qui apporte tant de défordre à une
armée. C'eft pourquoi il importe en-

tiérement de le retrancher au plus
petit pied qu'on puiſſe ; & d'en faire
une revûe tous les mois ; car il croît
à vûe d'œil. Nous ſommes aujour-
d'hui ſi délicats, qu'à peine voulons-
nous porter nos armes , tant s'en faut
que nous voulions porter ſur nous
pour huit jours de vivres. Tandis
qu'on tolérera un tel abus dans une
armée , elle ſe rendra incapable de
faire rien de bon. Car comme en bataille celui qui peut le dernier conſerver des troupes qui n'aient point
combattu , emporte la victoire ; auſſi
celui , qui le dernier maintient ſon
armée ſaine , complette , & accoûtu-
mée à la fatigue , fait le ſemblable.
Ce qu'il ne peut faire ſi les Soldats
ſont ſi délicats qu'ils ne puiſſent porter leur bagage. Outre que la maladie , & la famine ne naiſſent dans
une armée , que par cette canaille de
Goujats : & cette choſe qui ſemble de
rien , eſt de telle importance , qu'elle

est le plus souvent la dissipation des
plus florissantes, & même j'ose dire
des plus victorieuses armées. C'est
principalement durant la prospérité
qu'on se relâche, & qu'on se donne
du bon tems : & c'est en ce tems-là
qu'il faut moins le faire, si à l'exemple des délices de Capoue, où l'armée
d'Annibal s'avilit, on ne veut faire
le semblable. Puisque nous sommes
sur le retranchement des choses inutiles d'une armée ; je dirai un mot des
Pionniers. Il y a des Capitaines de
notre tems qui en veulent avoir un
nombre effréné, & disent qu'il vaudroit mieux retrancher des Régimens
de gens de guerre, & en faire des
Pionniers, lesquels sont nécessaires à
faire la clôture d'un camp, les tranchées d'un siége, l'accommodement
des chemins ; bref, ôter toutes fonctions aux Soldats de travailler à la
terre, pource que ceux d'aujourd'hui
ne peuvent être assujettis à tels tra-

vaux , comme les anciens Romains. Alléguant encore, que le Soldat quand il arrive au quartier , eſt aſſez haraſſé, ſans l'employer de nouveau à remuer la terre. Opinion dont je ne me puis aſſez émerveiller, & qui me fortifie en celle que j'ai , que nous gâtons nos Soldats en les épargnant trop. Il faut avoir ſoin de leur vivre , de leur vêtir , de leurs malades, de leurs bleſſés. Mais il faut les endurcir à la peine, & que leur Général & autres Chefs leur ſervent d'exemple. Car ſi vous les voulez réduire à ſe contenter de peu , tandis que vous vous crêverez de viande ; & à travailler, tandis que vous ferez gloire de demeurer dans l'oiſiveté , je confeſſe qu'ils murmureront. Mais pour revenir aux Pionniers, il eſt néceſſaire d'en avoir pour raccommoder les chemins, à cauſe de l'Artillerie principalement, à quoi cinq cens peuvent ſervir pour un grand équipage. Quant à la

clôture du camp , le Soldat eſt obligé
à la faire ; pource que ce travail lui
acquiert le pouvoir de ſe repoſer , &
dormir en ſûreté. A quoi j'ajoûte que
c'eſt un ouvrage qui ſe doit faire en
trois ou quatre heures : pour cet effet
toute l'armée y travaille , ou au moins
la moitié quand l'ennemi eſt proche.
Si bien que s'il falloit le faire faire à
des Pionniers , il en faudroit dans
une armée autant que de Soldats ,
qui ſeroit le moyen d'affamer tout
un pays , & d'augmenter l'embarras
que nous voulons diminuer. Quant
aux tranchées , je n'y vis jamais réuſ-
ſir les Pionniers ; & lors que le danger croît , les plus vaillans Soldats
n'y ſont pas trop bons : encore faut-
il les inciter à ce travail par le gain.
Ce qui leur ſert de les aſſûrer d'autant plus dans le péril , & à leur
donner moyen d'épargner quelque
choſe pour s'habiller ; & nul argent
dans une armée n'eſt ſi bien employé
que celui-là.

❖❖❖❖❖❖❖❖❖❖❖❖❖❖❖❖❖❖❖❖❖

CHAPITRE XV.

Des Espions & des Guides.

IL y a encore deux espéces de gens, dont au rebours des Pionniers, on ne sçauroit trop avoir dans une armée, qui sont des espions, & des guides. Les premiers vous avertissent des déportemens de l'ennemi, sur le rapport desquels, ou vous entreprenez sur eux, ou vous vous gardez de leurs desseins. Les seconds vous donnent connoissance du pays, des chemins & passages, où il vous faut passer : ou bien par où votre ennemi peut venir à vous. Il faut que les uns & les autres soient fidéles, pource que vous avertissant faussement, ou vous guidant malicieusement, ils peuvent vous faire tomber en de grands périls. Il faut avoir quantité de guides, pource que sur-tout si on marche la nuit, chaque grosse troupe a besoin du sien, ou au moins chaque corps ; & avant que partir, ils doivent être tous d'accord du chemin qu'ils veulent tenir. Il faut un Capitaine des guides, homme d'esprit, & vigilant, & qui ait soin d'en recouvrer de lieu en lieu. Pour les Espions, il faut y observer quelque chose de plus, & en être toujours en défiance ; pource que, comme c'est un métier dangereux pour celui qui le fait ; aussi l'est-il pour celui qui s'en sert. A cet effet il faut que personne ne les connoisse, que celui qui les emploie, & qu'entr'eux ils ne s'entreconnoissent pas ; afin qu'ils ne s'accordent à donner de faux avis. Car par ce moyen les examinant les uns à part des autres ; par la concordance ou discordance de leurs avis, on peut juger s'ils sont bons ; & par la vérification de ceux qui disent vrai & faux, vous reconnoissez qui vous trahit, ou qui vous fert bien : & quand bien vous en connoîtriez de traîtres ; je dis qu'on s'en peut encore fervir utilement, en feignant de les croire fidéles, & leur donnant des commiffions qui faffent connoître à l'ennemi, que vous avez quelque deffein tout contraire à celui que vous voulez exécuter ; afin que fe préparant d'un côté, vous puiffiez entreprendre fur lui d'un autre. Mais ce n'eft pas tout de fe garder de fes propres Efpions, il faut auffi fe garder de ceux de l'ennemi, lequel il faut préfuppofer en avoir dans votre camp, comme vous dans le fien. C'eft pourquoi outre le fecret qu'il faut garder en toutes entreprifes, il eft encore bon de donner le change, en publiant fourdement que vous avez tout autre deffein, que celui que vous voulez exécuter ; afin que les Efpions le rapportent ainfi à l'ennemi. Mais le plus effentiel moyen d'être bien servi de cette espéce de gens, c'est de leur être fort libéral; car ils sont fidéles à qui plus leur donne.

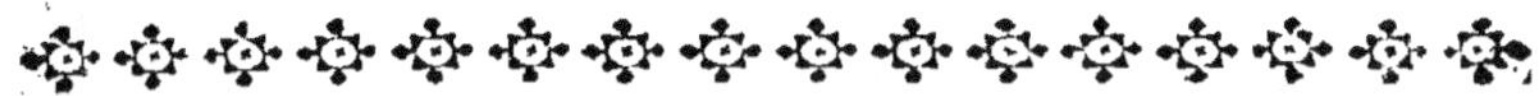

CHAPITRE XVI.

Des Vivres.

OR pource qu'il ne sert de rien d'avoir une armée composée de bons Chefs & de vaillans soldats, bien disciplinée & obéissante, bien artillée & munitionnée, si elle n'a de quoi manger : Je distinguerai ce Chapitre en ces cinq points. Le premier, de faire des achapts de bleds : le second, de pourvoir à la voiture : le troisiéme, à l'escorte : le quatriéme, à faire le pain bon; & le cinquiéme, à le distribuer. Pour cet effet, le Commissaire Général des Vivres doit être un homme d'autorité, fidéle, vigilant & actif. Et cette

Charge ne doit être méprisée comme aujourd'hui , ni donnée à gens de peu. Car elle est de telle importance, que selon qu'elle est ou bien ou mal faite , elle fait subsister ou ruiner une armée. Et les Romains la commettoient toujours à quelque signalé personnage. Pour venir au particulier, je dirai que la provision des bleds se doit faire de bonne heure , suffisante, en un lieu commode pour le transport , & choisir de bon bled. Car il ne faut point s'amuser sur l'espérance qu'on a d'en trouver à la campagne , ni aux lieux où on veut aller; pource que votre ennemi les peut serrer ou brûler; & ainsi sur cette espérance , vous trouverez en ce seul point tous vos desseins accrochés. En second lieu, il faut faire vos magasins en divers lieux , afin de ne les pouvoir perdre tous à la fois; & aux villes & châteaux les plus proches & commodes pour le

tranfport des bleds dans votre armée, & felon la fituation du pays,
faire votre provifion de charettes ou
mulets pour les porter au camp, où
l'on doit avoir toujours un magafin
pour quinze jours, auquel on ne
touche qu'à l'extrémité, ou pour
quelque entreprife · extraordinaire.
En troifiéme lieu, la voiture ne fe
doit faire qu'avec bonne efcorte, &
jamais à jour préfix, pour empêcher
qu'on ne fe prépare à l'enlever fur
le chemin. En quatriéme lieu, empêcher les abus qu'on fait ordinairement; & j'ofe dire toujours, fi on
n'y regarde de bien près, fur le pain;
car pour y gagner on y mêle de mauvais grain, même de la terre & autres vilainies, d'où proviennent le
plus fouvent les maladies dans une
armée, qui eft une méchanceté qu'on
ne fçauroit punir trop févérement.
Et en dernier lieu, qu'il foit diftri-
bué, & non diffipé; pource que fi on

en croit les Sergens, ils en prennent toujours pour deux fois autant de foldats , qu'ils en ont dans leurs compagnies. Pour cet effet, il eft nécef-faire que de huit en huit jours , le Commiffaire Général des Vivres ait le rolle exact de ceux qui fe trouvent dans l'armée, figné du Général, afin de régler la diftribution du pain fur cela. Outre plus , faut punir rigoureufement ceux qui détrouffent les Vivandiers , & autres perfonnes qui apportent des vivres au camp, dont il faut régler le prix , afin que les foldats ne foient point rançonnés. Quand on eft à un fiége bien retranché , où l'efpérance de vous le faire lever, ne confifte plus qu'à vous couper les vivres ; il faut avoir cette prévoyance d'en faire venir autant dans votre camp, que vous jugez néceffaire , pour vous nourrir le tems que vous croyez demeurer pour prendre la place affiégée,

gée, comme fit César devant Alexie.
Il y a fur cette matiére force régle-
mens à faire, pour empêcher les
abus qui s'y peuvent commettre,
lefquels j'omets pour éviter la longueur : puis ce font petits ordres qui
fe changent felon les lieux & les
occafions ; lefquels tous ne doivent
tendre qu'à faire abonder des vivres dans l'armée, & en ôter la
trop grande cherté.

✳✳✳✳✳✳✳✳✳✳✳✳✳✳✳✳✳✳✳✳✳✳

CHAPITRE XVII.

Des Charges générales d'une armée, &
de leurs fonctions.

JL n'y a rien plus néceffaire dans
une armée que d'y voir les Charges bien réglées, & que chacun fçache à qui il doit commander, & à
qui obéir. Et néantmoins en nulle ,
je ne voi cela abfolument décidé :
c'eft pourquoi j'ai voulu faire ici un

projet , comme quoi les chofes s'y doivent établir.

Le Capitaine Général doit avoir un abfolu pouvoir qui ne foit partagé avec perfonne. Car en la guerre plus qu'en tout autre métier, le commandement doit être unique ; & c'eft une très-mauvaife introduction, que de mettre des Généraux qui commandent une armée par jour, ou par femaine, ou par mois. Toutes les fois que les Romains l'ont fait , ils s'en font mal trouvés

Après il faut un Lieutenant Général ou Maréchal du camp Général , lequel doit avoir le foin de faire exécuter tous les commandemens du Général auffi abfolument que lui-même , afin de le foulager , étant bien difficile que le Général puiffe faire tout , fur tout quand on marche , pource que de toute néceffité , il faut à la tête d'une armée un homme d'éminente autorité,

& que tous les autres Chefs reconnoiſſent. Quelquefois on remplit les
deux places de Lieutenant Général ,
& de Maréchal de camp Général.
Néantmoins ces deux Charges poſ-
ſédées par deux hommes dans une
armée , apportent bien ſouvent de
la confuſion , & y font naître ce que
nous voulons éviter. Car en la fonction d'icelles ils ne s'accordent jamais ; pource que le Maréchal de
camp Général faiſant ſa charge , doit
diſtribuer les commandemens du Général à tous les autres Chefs , marcher à l'avant-garde , faire les logemens & campemens. Si bien que je
ne ſçai quelle fonction aura le Lieutenant Général , s'il n'empiéte ſur
l'autre , ou bien qu'il ne ſerve que
de ſarbatane , pour dire au Maréchal de camp Général des commandemens du Général. C'eſt pourquoi
je conclus qu'il ne faut que l'une des
deux Charges.

A a ij

Cela fait, je divise toutes les fonctions de l'armée en quatre parties principales, à sçavoir la cavalerie, l'infanterie, l'artillerie & les vivres, & traiterai de chacune partie l'une après l'autre.

La cavalerie est un corps qui souvent loge séparément de celui de l'armée, & requiert un principal Chef auquel tous les autres obéissent : qui soit de grande autorité & qualité éminente, ou de telle expérience & vertu, que tous les autres Chefs lui obéissent volontiers. Car c'est dans la cavalerie où se rencontrent plus de personnes riches & de bonne maison, & par conséquent plus difficiles à faire obéir; c'est pourquoi cette autorité ne se doit point diviser. Et pource qu'au marcher, la cavalerie est ordinairement à la tête & à la queue ; & qu'au loger on est contraint de faire souvent deux têtes, & qu'à un jour de bataille elle est au

moins aux deux aîles ; il eſt néceſ-
faire qu'il y ait un Lieutenant Général, homme auſſi de grande autorité. Il faut encore un troiſiéme
Chef, que la plûpart nomment Commiſſaire Général, lequel diſtribue les
ordres, tient la liſte des gardes, des
convois & autres fonctions, & doit
aller prendre les ordres du Maréchal
de camp Général, pour les porter à
ſon Général de la cavalerie ; puis les
diſtribue aux Maréchaux des logis des
Compagnies, qui de chaque quartier
le viennent chercher.

Toute la cavalerie doit être divi-
ſée en compagnies, deſquelles on
forme des Régimens, non à la façon
de l'infanterie ſous la charge de Meſtre de camp ; mais ſeulement pour
maintenir l'ordre des logemens, &
de combattre. Pour former les Régimens, on met quatre ou cinq compagnies enſemble avec une des Carabins, & le plus ancien Capitaine

commande à ce corps ; & ainfi fe départ toute la cavalerie. Ce qui fait
voir clairement, comme un Chef général des Carabins eft une charge du
tout inutile. Car les Carabins ne peuvent faire corps ; pource que leur maniére de combattre ne le permet pas ;
auffi n'ont-ils été inftitués que pour
fervir la cavalerie : foit au logement,
ou bien à faire la découverte : ou à
prendre langue : ou en un combat
pour faire une décharge en flanc : ou
en une retraite pour harceler celui
qu'on pourfuit : ou pour s'empêcher
de l'être quand on eft fuivi. En effet,
de bons Carabins mêlés parmi la cavalerie, font de très-bons ferviteurs ;
mais feuls font inutiles.

Si on fait plus de quartiers qu'il
n'y a d'Officiers Généraux, le plus
ancien Capitaine commande au quartier, & dans icelui prend le plus ancien Maréchal des logis de fon quartier. Si bien que le Général de la ca-

valerie donnant ſes ordres au Commiſſaire général , au Maréchal des
logis général , & icelui aux autres
Maréchaux des logis qui le viennent
chercher des autres quartiers ; (où
pareil ordre eſt obſervé) les commandemens ſont portés ſans confuſion , paſſent par les mains de peu
de perſonnes , & quand il s'y trouve
du manquement , il eſt aiſé à vérifier
d'où il procéde.

L'infanterie eſt le corps le plus ſo-
lide d'une armée ; celui de l'artillerie
& des vivres logent toujours avec
elle. Il n'y a point de diverſité entre les compagnies , comme à la cavalerie. Elles ſont toutes de même façon , compoſées moitié Picquiers &
moitié Mouſquetaires. Pluſieurs compagnies font un Régiment, qui a ſon
Chef, & pluſieurs Régimens font un
corps , qu'on nomme brigade d'armée. On diviſe ordinairement l'armée en trois corps , avant - garde ,

bataille, & arriére - garde. Chaque
brigade a son Chef; & outre icelui
doit avoir un Sergent major de brigade, & un Maréchal des logis de brigade. Le premier pour aller prendre
les ordres du Maréchal de camp Général, pour les porter au Chef de sa
brigade : puis donner le mot aux Sergens majors des Régimens. Et l'autre
pour bailler à chaque Maréchal des
logis d'un Régiment, ou son logement, ou l'espace de terre qui lui est
nécessaire pour camper ; & icelui le
départ aux fourriers de chaque compagnie, qui après les loge. S'il y a
un Colonel Général de toute l'infanterie, il peut avoir foin en général
de tout le gouvernement d'icelle.
Mais dans une armée il ne doit commander qu'une brigade, autrement
nous ne pourrions établir l'ordre que
nous avons proposé. Aussi y a-t-il diverses nations, qui ne jugent pas nécessaire un Colonel Général de l'infanterie,

fanterie , mais fe contentent des Colonels particuliers de chaque Régiment, lefquels ne reconnoiffent que les
commandemens du Général , ou de
fon Maréchal de camp Général.

L'Artillerie doit avoir un Général;
un Lieutenant du Général, un Maréchal des logis , puis fes autres Officiers. Et pource que tous Pionniers,
Mineurs , Ingénieurs , Conducteurs
d'ouvrages , Forgerons , Charpentiers , Charrons , & autres ouvriers ,
dépendent de lui; je voudrois établir
fur chaque efpéce de ces gens-là un
Chef, foit que je le priffe des Com-
miffaires de l'Artillerie , ou d'autres
perfonnes à part, pour m'adreffer à eux
quand j'aurois affaire de telles gens.
Le Maréchal des logis doit tous les
foirs aller recevoir l'ordre du Maréchal de camp Général.

La charge des vivres doit être pof-
fédée par un Général. Il doit avoir
fon Lieutenant , fon Maréchal des

logis & ſes autres Officiers. Son Maréchal des logis doit tous les ſoirs aller prendre l'ordre du Maréchal de camp Général.

Donc voici comme les commandemens ſe diſtribuent. Le Maréchal de camp Général les reçoit du Général, puis va à ſon logis. Là le Commiſſaire de la cavalerie les vient recevoir pour la cavalerie : le Sergent de bataille pour l'infanterie, lequel le départ aux Sergens majors de brigade ; pour l'Artillerie ſon Maréchal des logis, & pour les vivres le ſien. Bref, le Maréchal de camp Général parlant à ces quatre perſonnes, donne l'ordre à toute l'armée. Tout ordre & commandement ſe doit donner par écrit.

Dans le quartier du Général doivent toujours loger le Maréchal de camp Général, le Général de l'Artillerie, l'Intendant de la juſtice, l'Intendant des Finances, le Général des vivres, le Maréchal des logis Général, le Sergent de bataille, & le Prévôt Général.

Si l'armée campe tout en corps, le Maréchal des logis Général donne à chacun de ces corps l'espace de terre qui lui convient ; ce qui est puis après distribué en chaque corps, par les Officiers destinés à cela.

Un jour de bataille, le Maréchal de camp Général assigne à chaque corps sa place, puis le Sergent de bataille met l'infanterie en bataille.

Le Maréchal de camp Général doit avoir trois ou quatre Aides de camp, pour porter les ordres extraordinaires ; mais ils ne doivent pas prétendre de commander à aucun Chef, si auparavant ils n'ont été ou Colonels, ou Capitaines de cavalerie.

Le Sergent de bataille doit commander aux Colonels ; mais afin qu'ils lui obéissent plus facilement, il doit être pris des Colonels, & n'en faire jamais aucun qui ne l'ait été. Comme auffi les Sergens majors de brigade, doivent être pris des Sergens majors des Régimens. Les chofes ainfi réglées & établies, on verra une grande facilité aux commandemens, & nul ne pourra excufer fa faute fur autrui ; pource qu'auffi-tôt on vérifie d'où elle provient. Ce qui oblige un chacun d'être foigneux de faire exactement ce qui lui eft ordonné.

***

CHAPITRE XVIII.

De l'Attaque des Etats felon leurs forces & fituations.

APrès avoir formé une armée, il faut l'employer ou à la conquête d'un pays nouveau, ou à la défenfe du fien. Nous commencerons par le premier. Le Prince qui fe met fur l'offenfive, doit être le plus fort, ou voir de la brouillerie dans l'Etat qu'il attaque , & qu'il y soit appellé par un parti. Autrement , ce seroit une entreprise téméraire. Si le pays qu'il attaque est large & ouvert , il doit rechercher dès le commencement de hazarder la bataille , ou quelque grand combat ; afin que par la réputation de ses armes il épouvante ses ennemis. Si c'est un pays serré de montagnes , ou coupé de riviéres & fossés , ou couvert de forêts , ou plein de forteresses ; il est difficile de forcer l'ennemi à la bataille. Et en ce cas , il faut venir aux siéges , & faire votre acquisition pied-à-pied. Or celui qui , par cette voie , veut faire progrès , doit avoir pour le moins deux corps d'armée , afin qu'avec l'une il tienne en échec son ennemi , & qu'avec l'autre il puisse agir , sans en être empêché. Car il est très-difficile de faire le dessein d'un siége , tandis que vous avez une bonne armée campée auprès de vous, qui vous coupera les vivres. Si c'est un pays d'où l'entrée soit difficile, & qu'il y ait peu de paſſage pour y entrer, il faut en forcer un avant que paſſer outre, s'y fortifier, & y aſſurer ſi bien le chemin de ſes vivres, que vous ne pâtiſſiez point, quand l'ennemi auroit ou brûlé, ou retiré dans ſes forpereſſes, ceux de ſon pays. Si vous êtes appellé par une faction, ce vous eſt un très-grand avantage; pource que vous êtes inſtruit de la ſituation du pays, & des défauts qui ſe rencontrent aux places qui y ſont fortifiées, & que vous ne manquiez d'eſpions, ni d'être ponctuellement averti de ce qui ſe paſſe parmi les ennemis. Il faut auſſi être fort ſoigneux de bien traiter cette faction, & de l'engager petit à petit à des actions, qui la rendent irréconciliable avec ſon Prince. Mais quand vous voyez qu'elle fait la guerre avec reſpect, qu'elle ne veut offenser qu'à demi celui contre qui elle s'est révoltée, il en faut avoir grand soupçon, & marcher avec elle bride en main. Car soit ou que la crainte d'une ruine sans ressource, ou l'espérance d'une réconciliation, l'empêche de se porter tout-à-fait aux extrémités; l'un & l'autre est également dangereux. Et enfin on doit craindre qu'elle ne se raccommode à votre préjudice. C'est pourquoi si dès le commencement elle ne se veut engager à faire des actions extraordinaires & irrémissibles; il ne faut se joindre avec elle, que sous bons gages. Faut encore traiter avec toute humanité, clémence & libéralité, ceux qui, volontairement, se rendent à vous, & fort sévérement ceux qui vous résistent. Car la bénéficence aux uns, & la sévérité aux autres, sont les deux principaux moyens qui vous donnent l'obéissance. Une ville prise de force,

& mal-traitée : ou une qui se rend de bon gré, & qui est favorisée, ouvre la porte à une douzaine d'autres. Comme au contraire une ville prise de force & épargnée, ou qui s'étant rendue volontairement, est maltraitée, la ferme à plusieurs. D'où je conclus qu'un Conquérant doit faire valoir sa parole, telle qu'il l'a promise, soit en clémence, soit en sévérité.

CHAPITRE XIX.

De la Défense des Etats selon leurs forces & situations.

POUR bien traiter cette matiére, il la faut distinguer en trois ; à sçavoir, aux petits Etats, aux médiocres, & aux puissans. Les petits sont de telle nature, qu'ils ne subsistent que par la jalousie qu'ont leurs voisins les uns sur les autres ; pource que si les uns veulent attaquer un foible Etat , les autres le défendront. Néanmoins c'est une condition bien tremblante & mal-assurée : car si l'un se trouve en état de l'attaquer , l'autre ne se trouvera en état de défendre. " Les conseils des Princes & Etats ne se gouvernent pas toujours si également, que le plus souvent l'un ne prévale sur l'autre. Outre cet inconvénient , il y en a un autre , que quelquefois on s'accorde à partager la proie ; tellement que telle nature de petits Etats qui n'ont la force en eux-mêmes de se défendre , est toujours en péril , & leur faut une grande souplesse , pour ôter tout prétexte à leurs voisins d'entreprendre sur eux. Le seul moyen qui leur reste , est d'avoir une place ou deux très-bien fortifiées , des armes , & de l'argent suffisamment pour les bien défendre , afin de donner loisir à ceux qui ne voudront permettre l'accroissement

de celui qui vous attaquera, de vous
fecourir. Car fi vous n'avez aucun
moyen de réfifter, votre pays fera
pris avant qu'on ait eu le tems de
vous fecourir : & outre que la facilité qu'on juge à vous conquérir donne l'envie de vous attaquer ; vous
trouverez bien plus de perfonnes difpofées à vous fecourir, qu'à recon-
quérir votre pays ; pource que l'un
eft facile avec égale force, & l'autre,
fans de plus grandes forces, eft très-
difficile. A quoi j'ajoûte, qu'il y a
fouvent autant de péril que celui qui
reconquiert votre pays, comme votre ami, ne le retienne, auffi-bien
que celui qui l'avoit pris comme votre ennemi ; ou s'il vous le rend,
c'eft avec des conditions fi dures,
qu'on ne poffède plus que l'ombre
d'une fouveraineté. Et bien-heureux
font ceux qui rencontrent des Princes
fi bons & fi généreux, qui rétablif-
fent dans leurs Etats perdus, avec la

même autorité & liberté , qu'ils les
possédoient auparavant; car les exemples en sont fort rares. Pour les médiocres , je pose ici un Prince , ou
une République , qui pour sa défense , peut entretenir une armée
de vingt mille hommes de pied, &
trois mille chevaux , avec tout l'é-
quipage nécessaire. Si son pays est
de difficile accès , & qu'on n'y puisse
entrer que par certains passages &
montagnes gardées & fortifiées , il
y a un grand avantage. Mais ceux
qui s'y sont trop fiés & endormis,
& ont négligé les autres défenses ,
se sont trompés & se sont perdus ,
par où ils croyoient être les plus as-
sûrés. S'il est entouré de la Mer ,
c'est un beau fossé ; néantmoins le
plus puissant trouvera moyen de faire sa descente dans l'Isle. S'il est entouré de marêts & riviéres , on
trouve encore moyen de les passer , sur-tout à cette heure qu'on a

de l'Artillerie , pour favoriſer tels
paſſages. Tellement que le plus ſûr
eſt de ſe fonder ſur ſes propres forces : à ſçavoir ſur une bonne armée , & de bonnes fortereſſes. Je dis
les deux joints enſemble ; pource
que l'armée ſans forterefſes étant
foible , & n'oſant rien hazarder,
laiſſe à l'ennemi les vivres de la
campagne, & le moyen de ſubſiſter
à vos dépens , & enfin de vous ruiner. Et les forterefſes ſans une armée , ne peuvent vous conſerver,
qu'autant de tems que vous aurez
fait magaſins de vivres dans icelles.
Mais ces choſes étant proportionnées avec jugement , on peut faire
une grande réſiſtance. Ici il ne faut
ſe laiſſer aller à la fantaiſie des peuples , qui , ſans conſidérer les aſſiettes de leurs villes , ni le bien public, quand ils voient leurs voiſins
ſe fortifier , veulent tous les imiter ,
choſe également périlleuſe , d'avoir

plus de forteresses qu'on n'en peut garder, ou de n'en avoir point du tout. Encore aimerois-je mieux le dernier que le premier ; pource qu'au moins hazarder dans une bataille, vous faites la moitié de la peur à votre ennemi : mais par l'autre voie il faut périr assûrément, sans pouvoir espérer autre chose que d'allonger sa perte. Car la jalousie que vous avez de conserver toutes vos forteresses, en y laissant de grosses garnisons, vous ôte le moyen de tenir une armée à la campagne ; & lors le dégât de deux ou trois récoltes vous contraint de vous y rendre la corde au cou. Je sçai qu'il y en a qui se fondent sur cette raison, que quand toutes les principales places d'un Etat sont fortifiées, qu'on y retire tous les vivres de la campagne, en laquelle une armée venant, si elle y séjourne, elle y meurt de faim : & si elle n'y fait que passer.

elle n'y fait pas grand mal ; de façon qu'il lui eſt comme impoſſible d'y
pouvoir faire un grand ſiége. A quoi
je réponds que les forte reſſes ſont
principalement inventées pour le
plus foible, afin que peu de gens ré-
ſiſtent contre beaucoup : & ſi vous
avez un ſi grand nombre de fortereſſes, & de grande garde, comme
ſont les grandes villes fortifiées; il
vous faut plus grand nombre de ſoldats, que n'en aura celui qui vient
pour vous attaquer. Autrement vous
ne ſçauriez les pourvoir toutes de
garniſons ſuffiſantes pour les conſerver d'un ſiége. Et ſi vous êtes le
plus fort ſans aucune place, vous
conſervez votre pays en tenant la
campagne. Il y a encore un autre inconvénient à fortifier les grandes
villes, c'eſt que vous les rendez ſi
ſuperbes, qu'elles ne veulent reconnoître leur Souverain, que de bonne
ſorte : & à la moindre incommodité

qu'elles reçoivent en une guerre , les habitans aiment mieux changer de maître , que de voir ruiner leur bien. Si bien que je conclus qu'il faut avoir si peu de forterefles , qu'elles ne vous empêchent pas de tenir la campagne; & celles que vous avez , les si bien fortifier & munir , qu'elles puiffent faire une grande réfiftance , & les si bien placer , qu'elles tiennent en bride les grandes villes , & qu'elles affûrent les frontiéres , afin que l'ennemi faffe difficulté de laiffer derriére foi une place qui puiffe incommoder les vivres , & que par intelligence ou autrement , il ne puiffe fe faifir d'une principale ville qui lui ferve de fiége pour entretenir la guerre dans le pays. Ces chofes ainfi difpofées , il faut regarder quel ennemi vous attaque. Si c'eft une puiffance de confédérés unie enfemble , elle eft plus aifée à défunir , que quand elle dépend d'un feul : & en ce cas il

est très-bon de faire naître la défiance parmi eux, en feignant de l'intelligence avec quelqu'un des confédérés, auquel montrant plus de respect, & moins d'animosité, vous en
donniez jalousie aux autres : comme
aussi en procurant une diversion sur
le pays d'un des autres, étant fort
difficile que plusieurs Puissances sou-
veraines soient long - tems liguées
ensemble, sans y naître des dé-
goûts, mésintelligences, envies, &
même des inimitiés, à cause de la
diversité de leur humeur & intérêts.
Tellement que la puissance qui ne
dépend que d'un seul Etat, est beaucoup plus à redouter : Et pource que
vous pouvez être attaqué plus ou
moins vivement, il faut en dire un
mot. Si c'est par des forces qui ne
soient pas trop disproportionnées
aux vôtres, vous pouvez sans déserter votre pays, le conserver, &
votre armée & vos forteresses con-
sommer

sommer l'ennemi, en lui incommodant ses vivres, & vous retranchant
toujours si proche de lui, que vous
lui empêchiez de faire aucun siége
d'importance. Car si un Conquérant
n'avance, il recule, & lui est impossible de subsister dans un pays
qu'il veut conquérir, si d'abord il
n'y prend pied, & ne s'y affermit
par quelque prise considérable. Si
aussi vous êtes attaqués par une puissance du tout disproportionnée à vos
forces : en ce cas il faut déserter la
campagne, & brûler tous les vivres
que vous ne pouvez contenir dans
vos forteresses, & même toutes les
villes & villages que vous ne pouvez garder. Car il vaut mieux se
conserver en un pays ruiné, que de
le conserver pour son ennemi. Et
c'est en cela qu'un Prince pour acquérir, ce lui semble, le nom de pi-
toyable envers son peuple, (qui en
telles occasions lui tourne le dos)

C c

devient cruel à soi-même. Mais c'eſt plûtôt d'irréſolution & de foibleſſe de courage qui nous tient, qu'une vraie compaſſion que nous ayons du mal d'autrui : comme celle de l'Empereur Othon, qui à la premiére diſgrace qui lui arriva, ſes forces étant encore entiéres, n'oſa tenter de nouveau le hazard d'une bataille. Et celui qui n'avoit pû avoir pitié de l'Empereur Galba en âge décrépit, de ſon ſucceſſeur déſigné à l'Empire, & qui avoit fait toutes ſortes de méchancetés pour y parvenir, veut perſuader à la poſtérité, que la pitié devoit répandre le ſang Romain, l'avoit fait réſoudre à l'épargner en ſe donnant la mort. C'eſt ainſi que ſouvent nous voulons couvrir nos vices de la vertu la plus proche. Mais comme c'eſt une maxime, que nul bien public ne peut être ſans quelque préjudice aux particuliers : auſſi un Prince ne ſe peut démêler d'une périlleuse entreprise , s'il veut complaire à tous. Et les plus grandes & ordinaires fautes que nous faisons en matiére d'Etat & de guerre, proviennent de se laisser emporter à cette complaisance, dont le repentir nous vient quand on n'y peut plus remédier. Mais pour éviter tels orages , on doit tenir pour loi fondamentale de sa conservation , de ne laisser croître celui de ses voisins qui se fait le plus puissant. Car il vaut mieux l'offenser pour l'empêcher de se mettre en état de vous perdre , que de le laisser accroître de peur de l'offenser. Etant une chose véritable, qu'on ne conserve sa liberté contre un Conquérant , par complimens , mais par la seule force.

Reste à parler des puissans Etats , qui sans l'aide d'autrui ont armes & argent, & de quoi entretenir toujours la guerre. De cette taille il y en a peu, & n'ont à se garder que d'eux-mêmes.

C c ij

Pource qu'un seul ennemi n'est assez puissant pour les attaquer, & qu'il est difficile que les ligues de divers Princes se puissent toutes accorder à un tel dessein, ni longuement y subsister ensemble. Néantmoins j'en dirai un mot. Les grands Etats sont tous ramassés ensemble, ou épandus en divers lieux. Les premiers qui ont leurs forces toutes unies, peuvent attaquer, & se défendre plus puissamment, que ceux qui sont ainsi séparés; pource qu'ils portent toutes leurs forces où le besoin le requiert, avec plus de diligence, de facilité, & moins de dépense. Les autres mettent en allarme & jalousie plus de monde, pource qu'ils sont frontiere à plus grand nombre d'Etats. Néantmoins si les uns & les autres sont attaqués, ils doivent se servir des défenses proposées ci-dessus. Seulement dirai-je qu'ils ne doivent avoir de forteresses que bonnes, & en petit nombre, &

seulement sur les frontiéres, & nulles dans le cœur de l'Etat ; pource
qu'ayant plus à craindre les guerres
civiles , que les étrangères , & sans
lesquelles on n'attaqueroit jamais un
grand Empire, c'est leur ôter la principale racine , qui les fait entreprendre & subsister. Outre cela , il ne
faut perpétuer les gouvernemens , ni
aux familles , ni mêmes à vie. Mais
le principal, & le plus puissant remé-
de contre la guerre civile , est d'entretenir la guerre étrangère, laquelle
chasse l'oisiveté , occupe tout le monde , & particuliérement satisfait aux
esprits ambitieux & remuans : elle
bannit le luxe : elle aguerrit votre
peuple , & vous maintient en telle
réputation parmi vos voisins , que
vous êtes l'arbitre de tous leurs dif-
férends. Il est bien vrai que cette maxime n'est bonne à observer qu'aux
Etats de cette derniére espéce. Car
comme elle leur est nécessaire , je la

trouve dommageable aux petits E-
tats, qui doivent appréhender toutes fortes de guerre, pource que
n'étant affez forts pour en profiter,
ils courent fortune d'être la proie des
plus puiffans.

CHAPITRE XX.

Des moyens d'affûrer une conquête.

LE Prince Souverain eft plus capable de faire de grandes &
promptes conquêtes, qu'une République, pource que fe trouvant fecret en fon confeil, hardi en fa réfolution, prompt en fon exécution,
& ne craindre point d'être contredit de perfonne, il fait plus de conquêtes en dix années de fa vie,
qu'une République qui eft moins fe-
crette, qui eft longue à fe réfoudre,
qui bride l'autorité de fes Capitaines;
& qui à toute heure contredit fes ac-

tions, ne sçauroit faire en cent ans.
Aussi une République qui va toujours
selon les maximes, qui n'est sujette
au défaut d'une personne, & dont
le gouvernement ne reçoit altération
pour la mort d'aucun d'eux, confer-
ve bien mieux, & plus long-tems
ce qu'elle a conquis, qu'un Prince,
qui souvent, & presque toujours, a
un successeur aussi fainéant qu'il a été
vertueux. Néantmoins je veux ici
établir autant pour les uns que pour
les autres, les vraies maximes pour
bien assûrer une conquête, lesquelles
consistent en deux ; à sçavoir d'ôter
la volonté à ceux que vous avez conquis de se révolter, & le moyen
de le pouvoir faire. Pour la premiére, c'est une chose certaine, que si
vous conquérez des gens libres, vous
ne leur ôterez (pour le moins du vi-
vant de ceux qui ont vécu tels) le
désir de se remettre en liberté. S'ils
sont sujets d'un Prince, & d'un Etat,

& qu'ils n'aient fait que changer de Maître, ils aimeront mieux demeurer sous l'autorité de celui qui les traitera plus humainement. Pourtant, il faut toujours commencer par la voie douce, & établir une condition à ceux que vous avez conquis, qui soit sûre, & pour la vie & pour le bien. Car si même, parmi vos propres sujets, on ne trouve cette sûreté, il est à craindre qu'ils ne se révoltent ; combien plus ceux de nouvelle conquête ? Etant une loi de nature empreinte en toute créature, que le moindre petit animal a soin de sa conservation ; à quoi l'homme doué de raison, ajoûte la conservation de son honneur & de son bien, lequel il préfère souvent à sa propre vie. Donc un Prince doit faire regner la justice exacte, soutenir l'oppressé en son bon droit, s'abstenir lui-même de toute violence, soit pour l'honneur des femmes, soit pour le bien.

Car

Car sans cela il est impossible d'apprivoiser des gens conquis. Il faut aussi les maintenir le plus qu'on peut, dans la forme de leur gouvernement, & n'exclure aucun d'iceux de pouvoir parvenir aux charges, dignités, & honneurs qu'ils peuvent posséder, sans préjudicier à la sûreté. Et si c'est un Prince qui fasse cette conquête, le moyen de s'en bien assûrer, est d'y établir son séjour le plus qu'il pourra, pource que sa présence empêche beaucoup de désordres; que la splendeur de sa Cour imprime une certaine vénération dans l'esprit des peuples, & qu'elle fait gagner les artisans & bourgeois où elle demeure.

Si c'est une République qui ne peut changer le siége de son Empire, il faut pourtant que ceux qu'elle y envoyera pour Gouverneurs, y soient avec splendeur. Car les peuples s'attachent quelquefois plus à l'apparence qu'à la réalité. Ce sont les

D d

moyens qui infinuent infenfiblement l'obéiffance aux peuples nouvellement conquis. Mais pource que cela ne fuffit pas, & que fouvent la facilité de fe révolter impunément en fait venir l'envie, il eft néceffaire de fe précautionner des fûretés requifes, lefquelles confiftent à avoir les armes & les fortereffes entre les mains. Je n'entends pas défarmer tout-à-fait les peuples : car, fi on peut, il n'en faut pas venir-là ; mais s'affûrer des groffes communautés par de bonnes fortereffes : avoir les Arfenaux en divers endroits, & non tout en un lieu, & ne laiffer aucune ville ni château, hors vos fortereffes de garnifon, qui puiffe endurer cent coups de canon. Il y a un dernier moyen dont les Anciens fe fervoient utilement, & maintenant du tout délaiffé, que j'approuve merveilleufement, qui eft d'établir des Colonies, & tranfporter des peuples d'un pays à l'autre. Car outre que c'eſt une grande bride, pour tenir en devoir un pays conquis, vous récompenſez par ce moyen-là , pluſieurs Soldats qui vous ont bien ſervi. Et je ne trouve pas valable la raiſon qu'on allégue, qu'il y a de la cruauté de faire cette permutation, & que cela eſt contre la charité. Au contraire , je trouve bien plus cruels les remédes dont on ſe ſert ordinairement, de tenir ſi bas les peuples, qu'ils n'aient que la vie, & ne puiſſent eſpérer aucun honneur dans leur pays. Pour moi, j'avoue franchement que j'aimerois mieux être chaſſé de mon pays dans un autre, où l'eſpérance me reſteroit, & aux miens de pouvoir parvenir à quelque choſe de plus que je ne ſuis , que de demeurer dans le mien , privé de cette eſpérance , ne trouvant rien de ſi dur que d'ôter à l'homme l'eſpérance, qui eſt celle qui en ce monde, & pour les biens du

D d ij

monde, lui fait entreprendre toutes
chofes, & qui pour les biens de l'autre vie, lui fournit de conftance pour
fouffrir toutes chofes. Auffi n'y a-t-il
rien qui diftingue tant l'homme de la
bête, ni même l'homme régénéré,
de l'homme fenfuel, que l'efpérance.
Ce qui me fait conclure, qu'il ne faut
jamais ôter à l'homme l'efpérance de
pouvoir obtenir une condition, meilleure que celle qu'il poffléde, afin de
ne les jetter dans le défefpoir.

CHAPITRE XXI.

Comme il faut procéder pour fecourir fon
allié & confédéré.

UNE des plus honorables àctions
que faffe un Prince, & qui lui
apporte plus de réputation, eft de fecourir fes Alliés en leurs néceffités.
Mais c'eft une chofe, qui fouvent eft
bien difficile. Quand on veut faire

la guerre, on choisit ses avantages, & on prend son tems & ses mesures, selon ce qu'on peut & veut faire. Il n'en est pas de même au secours de son Allié, qu'il faut secourir avec les difficultés & incommodités qui s'y rencontrent. Si son pays est joint au vôtre, & que rien ne vous empêche de l'assister avec toutes vos forces unies, vous ne pouvez avoir autre excuse de le faire, sinon que vous redoutez son ennemi, & ne le voulez offenser ; qui est une raison lâche & non judicieuse. Car par cette excuse, vous n'évitez pas le péril que la perte de votre voisin vous attirera, étant beaucoup meilleur de résister ensemble, que de vous laisser défaire les uns après les autres. Mais si c'est un Allié séparé de vous par d'autres Princes & Etats, (ce qui arrive souvent) & qu'il se rencontre de grandes difficultés pour pénétrer jusques dans son pays, il

faut lors bien penſer de quelle façon vous le ſecourerez. Car ſi les
Etats qui ſont entre-deux vous refu-
ſent le paſſage, & qu'il vous faille
les combattre avant que de pouvoir
aſſiſter votre Allié, il eſt à craindre
que vous ne pourrez ſecourir à tems.
Si auſſi votre voiſin, ou pour crainte
de vous, ou de celui qui attaque
votre Allié, vous offre le paſſage,
vous ne pouvez l'accepter ſûrement, qu'il ne vous mette entre les
mains les lieux néceſſaires pour aſ-
ſûrer votre retour ; ce qui vous étant
refuſé, vous ne devez paſſer outre.
Mais ſi l'ennemi de votre Allié a des
Etats proche de vous, & que vous
puiſſiez attaquer facilement, il faut
le faire vertement ; & le ſecours qui
ſe peut donner par diverſion, eſt à
mon gré le plus ſûr, & celui qui
réuſſit mieux : pource que vous le
faites avec toutes vos forces & commodités, & que d'ordinaire ce que

vous attaquez n'est pas pourvû, à
cause que celui qui attaque un autre
Etat, emméne avec lui les meilleurs
Capitaines & Soldats qu'il ait. Mais
si tous ces moyens vous manquent,
il ne reste plus que celui de l'argent dont on le peut assister, lequel souvent n'est suffisant de le sauver.

CHAPITRE XXII.

*Quel est le meilleur qu'un Prince fasse
la guerre en personne, ou par
Lieutenant.*

IL est à propos de traiter en cet endroit si le Prince doit conduire ses
guerres en personne, ou par Lieutenant, pource que la pratique en é-
tant diverse, chacun apporte ses raisons pour soutenir son opinion. Ceux
qui improuvent qu'il la fasse en personne, alléguent, que sortant de son

Etat, il ouvre la porte à la brouillerie , & s'ôte le moyen d'y pourvoir :
qu'il lui est plus nécessaire de conserver en paix le dedans , que de faire la guerre au dehors ; à quoi rien
ne peut tant servir que sa présence
qui tient en bride les plus remuans :
que tenant le dedans en obéissance ,
il peut donner meilleur ordre aux affaires de dehors : qu'il arrive de plus
grands inconvéniens & plus irremé-
diables , quand le Prince est engagé
en personne hors de son Etat , que
quand il est dedans. S'il reçoit un
échec en personne , éloigné de son
pays , les remuans sont plus hardis à
faire une nouveauté : chacun s'éman-
cipe & sort de son obéissance. S'il y est
tué , ses sujets s'en étonnent , & son ennemi s'enhardit , & en tire de grands
avantages : s'il y est pris , c'est encore pis : car nul ne se pouvant déclarer Prince , & les principaux voulant profiter de sa calamité , met-

tent les affaires en telle confusion, que rien ne se fait plus en l'Etat avec autorité, pource que ceux qui se saisissent du gouvernement, tyrannisent les autres Grands qui y pourroient prétendre, lesquels souvent aiment mieux appeller l'ennemi commun, que d'obéir à leurs compagnons. A quoi ils ajoûtent que le Prince ne peut se libérer, sans faire de grands avantages à son ennemi, qui lui tournent, & à son Etat, à un notable & irremédiable préjudice. Tellement que toutes choses balancées, ils concluent que les inconvéniens sont beaucoup plus grands de hazarder la personne du Prince dans les guerres, que de les faire conduire par ses Lieutenans. Cette opinion est principalement maintenue par les gens de robe longue, ennemis naturellement des gens de guerre, & qui conservant mieux leur autorité dans la paix, que dans la guerre, ne déconfeillent pas feulement d'aller en perfonne à la guerre ; mais même confeillent de fouffrir toute forte d'ignominie, plûtôt que de la faire. A quoi fe joignent les flateurs, les maquereaux, & toutes les peftes des Princes, qui dans la paix les entretiennent à une oifiveté qui les porte à toute forte de luxe, leur faifant croire que leurs Etats ne font faits que pour eux, & non eux pour leurs Etats : que débaucher une femme eft plus honorable, que conquérir une Province : qu'il y a plus d'induftrie & de gloire à bien arranger un feftin, qu'une bataille ; que la peine n'eft faite que pour les faquins ; & que les grands Rois doivent faire agir toutes chofes fans fe mouvoir, qui eft le chemin ordinaire de la perte des Royaumes & des Empires.

Ceux qui confeillent au Prince de

faire la guerre en perſonne, alléguent
que le commandement d'une armée
eſt un morceau ſi friand, qu'il ne le
doit départir à autrui ſans grande
néceſſité : pource que pour bien s'ac-
quitter d'une telle charge, il faut être
fort abſolu, & ſouvent les Généraux
d'armée ne ſe contiennent dans leur
devoir, ſur-tout quand le Prince ne
fait le ſien. Car en ce cas, il eſt naturellement envieux de la gloire d'autrui, & ne peut ſupporter les bonnes actions de ſon Lieutenant, encore qu'elles réuſſiſſent à ſon profit. En
laquelle humeur l'entretiennent ceux
qui gouvernent les affaires, leſquels
appréhendent qu'une vertu éminente
ne le ſupplante : & c'eſt d'où provient l'infélicité de la plûpart des
beaux deſſeins, quoique bien entrepris, leſquels ont fait périr, ou par
faute d'argent, ou de vivres, ou en
reſtraignant l'autorité du Général ;
ou en lui baillant des Chefs qui le

contrequarrent , & qui lui fervent
plutôt d'entraves que d'aides. Et lorfque les affaires n'ont fuccédé , comme on s'étoit imaginé , on en rejette
la faute fur l'innocent , & le coupable en triomphe. Que c'eft ainfi que
les grands Princes qui feront les guerres par Lieutenans , feront fervis :
que la réputation eft tout autre d'un
Prince bon Capitaine , que d'un
Prince qui a de bons Capitaines : que
le premier eft redouté de par lui-
même , & l'autre de par autrui feulement ; que le premier ne fe peut
trahir lui-même , & on peut corrom-
pre à l'autre des Capitaines ; que le
premier fçait faire le choix de ceux
qui font propres à la guerre , & que
l'autre ne les a bons que par hazard ;
que l'autorité du premier n'eft fi en-
viée ni contrequarrée , puifqu'il eft
maître , & qu'il n'a à rendre compte
de fes actions à perfonne ; mais que
celle du Chef de l'armée de l'autre ,

est soumise à une perpétuelle jalousie, & bien-heureux qui en échappe :
Que le moyen d'empêcher les guerres civiles, est d'occuper les plus remuans & courageux aux guerres é-
trangères, où ils trouvent de quoi sa-
tisfaire à leur ambition : comme aussi
d'être toujours armé ; pource que cela
refroidit les plus échauffés ; & que
le Prince soit à la tête de son armée,
afin que nul ne se puisse prévaloir
d'icelle contre lui. Ils allèguent encore que jamais Prince n'a fondé un
grand Empire, qu'en faisant la guerre en personne ; ni ne l'a perdu, que
quand il a fait la guerre par ses Lieutenans. C'est maintenant au Prince
à chosir ce qu'il a à faire sur ces deux
avis. Si c'est un fainéant qui se contente d'être admiré de ses valets, qui
ne se plaise qu'à la volupté, & qu'il
laisse de faire le métier de Roi, pour
celui d'un maraut, il ne prendra jamais le conseil de commander lui-

même fes armées. Si c’eft un Prince
fage qui aime le repos, pour conduire fon peuple en juftice, il ne lairra
pourtant d’être préparé à la guerre,
& de s’y inftruire, afin qu’en un befoin, il ne commette le commandement de fes armées à autrui. Mais fi
c’eft un Prince généreux qui fe pique
de la gloire ; & veuille imiter ces
grands hommes qui vivent encore
deux mille ans après leur mort, &
dont les noms vénérables honorent
encore aujourd’hui ceux qui les portent ; il choifira fans doute pour fon
principal métier celui de la guerre,
auquel il tâchera de fe rendre expert,
afin de ne dépendre d’autrui en la
conduite de fes armées, & en fera
fes délices. Auffi eft-ce la vraie volupté que celle qui contente l’efprit,
laquelle eft particuliére à l’homme,
& commune aux grands hommes.
Car la volupté corporelle tient plus
de la bête que de l’homme. Ainfi ce-

lui qui s'y adonne tout-à-fait , est
pire qu'une bête brute.

✳✳✳✳✳✳✳✳✳✳✳✳✳✳✳✳✳✳✳✳✳✳

CHAPITRE XXIII.

De la réputation.

C'EST une chose qui ne se peut
comprendre , combien la réputation d'un Chef d'armée .sert , &
combien elle est difficile à conserver.
Car si après avoir acquis l'estime d'ê-
tre un homme sage & de grande
conduite , vous la voulez conserver
par prudence , on dit que vous deve-
nez poltron : & si en hazardant quelque combat , vous recevez un échec ,
vous êtes tenu pour téméraire. Tellement .qu'il n'y a fonction au monde plus sujette au blâme , que celle
d'un Géneral d'armée. Et bien-heureux est le ꞏCapitaine qui maintient
entiére sa réputation jusques à la fin.
Néanmoins tandis qu'elle dure , elle

fait de merveilleux effets. Car quand il a acquis le nom d'heureux en guerre, ſes Soldats croient qu'il ne peut être battu, & vont ſur ſa parole ſi aſſûrément au combat, qu'ils ne reconnoiſſent plus le péril ; ſe perſuadans qu'il ne commande jamais de combattre, qu'il ne ſoit aſſûré de la victoire. Ce qui les encourage tellement, qu'ils en combattent avec beaucoup plus de réſolution. De plus, les ennemis à la rencontre d'un tel homme, ne combattent qu'en crainte, comme aſſûrés d'être battus. Il y a mille exemples antiques & modernes de cette vérité. Quand l'armée d'Alcibiades (encore qu'il en fût abſent) étoit battue, les Athéniens croyoient que ce fût de ſon conſentement.

La ſeule renommée de l'arrivée de Céſar & d'Alexandre, quoiqu'avec peu de forces, a fait diverſes fois rendre des Provinces & fuir des armées. La ſeule réputation du
Roi

Roi HENRY IV. qui fut reconnu dans le combat de Fontaine-Françoise, où il étoit arrivé le jour auparavant comme en poste, fit abandonner aux Espagnols la Bourgogne. J'ai vû les Dauphinois avoir cette créance, que le Connétable d'Esdiguiéres ne pouvoit être battu. Mais comme cette opinion est d'une grande utilité à un Chef d'armée quand il l'a acquise ; aussi celle d'être malheureux en guerre, lui est un grand malheur. Car il est impossible de se pouvoir assurer sur des Soldats, qui ont cette créance de leur Chef. C'est pourquoi un Général d'armée doit avoir pour principal but de bien commencer : puis n'obmettre aucune chose pour conserver l'acquis, se réservant plutôt de mourir glorieusement en quelque grande action, que de traîner une vie honteuse, après en avoir commis une lâche. Car comme le métier de la guerre, est

E e

celui de tous , qui apporte le plus d'honneur à un homme qui s'en acquitte bien , aussi acquiert-il le plus d'infamie , s'il s'en acquitte mal.

FIN.